ACTIVITY BOOK

Richmond

Direção: Sandra Possas
Edição executiva de conteúdos digitais: Adriana Pedro de Almeida
Gerência de produção: Christiane Borin
Coordenação de arte: Raquel Buim
Coordenação de multimídia: Nero Corrêa

Elaboração de conteúdos: Elaine Silva, Priscila Oliveira Vieira
Edição: Priscila Oliveira Vieira
Assistência de edição: Andrea Carina Pilipposian, Sílvia Zimmermann
Revisão linguística: Richard Glenn Rafterman
Revisão e checagem: Ilá Coimbra, Giuliana Gramani, Katia Gouveia Vitale, Natasha Cantelli Montanari, Rafael Gustavo Spigel, Roberta Moratto Risther
Tradução: José Luis Morales
Edição de arte: Igor Aoki
Projeto gráfico: Daniel Favalli
Capa: Odair Faléco
Diagramação: Estúdio Anexo
Captura de fotos: Yan Imagens
Tratamento de imagens: Arleth Rodrigues, Bureau São Paulo, Marina M. Buzzinaro, Resolução Arte e Imagem
Pré-impressão: Alexandre Petreca, Everton Luis de Oliveira Silva, Fabio N. Precendo, Helio P. de Souza Filho, Marcio H. Kamoto, Rubens M. Rodrigues, Vitória Sousa
Impressão: A.R Fernandez

Textual genres: animated videos é uma publicação composta de um livro de atividades impresso e de um DVD, que são partes integrantes da obra. Não podem ser vendidos nem distribuídos separadamente.

Embora todas as medidas tenham sido tomadas para identificar e contatar os detentores de direitos autorais sobre os materiais reproduzidos nesta obra, isso nem sempre foi possível. A editora estará pronta a retificar quaisquer erros dessa natureza assim que notificada.
Although every effort has been made to trace and contact copyright holders before publication, this has not always been possible. We apologize for any apparent infringement of copyright and, if notified, the publisher will be pleased to rectify any error or omissions at the earliest opportunity.

Dados Internacionais de Catalogação na Publicação (CIP)
(Câmara Brasileira do Livro, SP, Brasil)

Textual genres : animated videos / obra coletiva concebida, desenvolvida e produzida pela Editora Moderna. -- São Paulo : Moderna, 2014.

1. Gêneros literários 2. Língua estrangeira - Estudo e ensino 3. Linguística 4. Textos.

14-04610   CDD-418.07

Índices para catálogo sistemático:
1. Gêneros textuais : Língua estrangeira : Linguística : Estudo e ensino 418.07

ISBN 978-85-16-09426-3

Reprodução proibida. Art. 184 do Código Penal e Lei 9.610, de 19 de fevereiro de 1998.
Todos os direitos reservados.

© Editora Moderna Ltda.

RICHMOND
EDITORA MODERNA LTDA.
Rua Padre Adelino, 758 — Belenzinho
São Paulo – SP – Brasil – CEP 03303-904
Central de atendimento ao usuário: 0800 771 8181
www.richmond.com.br
2014
Impresso no Brasil

Créditos das imagens:

Capa: ©Globaltec, Globaltec, ©Siqueira, ©Siqueira, ©Paulo José, ©Siqueira, ©Globaltec, ©View Comunicação, ©View Comunicação, ©Paulo José, ©Siqueira, ©Globaltec, ©Paulo José, ©Siqueira, ©Siqueira, ©Paulo José. Advertisement: ©Globaltec, Haier ©2011. All rights reserved., ©Globaltec, ©Globaltec, ©Globaltec, Globaltec, ©Globaltec, ©Stuart Miles/Shutterstock, ©Syda Productions/Shutterstock, ©Feng Yu/Shutterstock, ©Ollyy/Shutterstock, ©Bloomua/Shutterstock, ©Auremar/Shutterstock, ©Reprodução, ©Reprodução, Used Oil Management Association, ©Reprodução/SmashBurguer, ©Bohbeh/Shutterstock, ©Bohbeh/Shutterstock, ©Bohbeh/Shutterstock, ©Bohbeh/Shutterstock, ©Dudarev Mikhail/Shutterstock, ©SeanPavonePhoto/Shutterstock, ©Falconia/Shutterstock, ©Evgeny Dubinchuk/Shutterstock; Newspaper article: ©Globaltec, ©Used with the permission of the Trindad Guardian, ©Globaltec, ©Thinkstock/Getty Images, ©Thinkstock/Getty Images, Globaltec, ©Globaltec, ©Globaltec, ©Feng Yu/Shutterstock, ©Thinkstock/Getty Images, ©Thinkstock/Getty Images, ©Thinkstock/Getty Images, ©Peter Barreras/Invision for Nintendo/AP Photo/Glow Images, ©Arthur Sandrini; Blog: ©Siqueira, ©Reprodução/Blog Stirring the Pot, ©Siqueira, ©Thinkstock/Getty Images, ©Thinkstock/Getty Images, ©Thinkstock/Getty Images, ©Siqueira, ©Siqueira, ©Siqueira, ©Siqueira, ©Greenpeace (www.greenpeace.org), ©Reprodução/The White House Blog, ©Feminist Studies in religion. http://www.fsrinc.org/blog, ©Reprodução/Blog Yes You Can! Diet Plan, ©Reprodução/Blog Cineworld cinemas, ©Reprodução/Blog Information Tips and Help, ©MamaSeeds; Chat: ©Siqueira, ©Emily Witt, ©Siqueira, ©PILart/Shutterstock, ©Khashchivskiy Taras/Shutterstock, ©Khashchivskiy Taras/Shutterstock, ©Thinkstock/Getty Images, ©Thinkstock/Getty Images, ©Thinkstock/Getty Images, ©Thinkstock/Getty Images, ©More Images/Shutterstock, ©Skype, ©Yayayoyo/Shutterstock, ©Yayayoyo/Shutterstock, ©Yayayoyo/Shullerslock, ©Yayayoyo/Shullerslock, ©Yayayoyo/Shutterstock, ©Yayayoyo/Shutterstock, ©Teguh Mujiono/Shutterstock, ©Yayayoyo/Shutterstock, ©More Images/Shutterstock; Fable: ©Paulo José, ©Thinkstock/Getty Images, ©Thinkstock/Getty Images, ©Thinkstock/Getty Images, ©Paulo José, ©Paulo José, ©Paulo José, ©Paulo José, ©Paulo José, ©Paulo José, ©Paulo José, ©Paulo José, ©Paulo José, ©Paulo José, ©Paulo José, ©Paulo José, ©Paulo José, ©Artisticco/Shutterstock, ©Thinkstock/Getty Images, ©Thinkstock/Getty Images, ©Thinkstock/Getty Images, ©Thinkstock/Getty Images, ©Thinkstock/Getty Images, ©Thinkstock/Getty Images, ©Dalibor Sevaljevic/Shutterstock; Flyer: ©Siqueira, ©Kars4Kids/www.kars4kids.org, ©Siqueira, ©Siqueira, ©Siqueira, ©Siqueira, ©Thinkstock/Getty Images, ©Thinkstock/Getty Images, ©Thinkstock/Getty Images, ©Thinkstock/Getty Images, ©Siqueira, ©University of South Florida – SHS, ©Jetton Village III, ©Jetton Village III, ©Jetton Village III, ©Jetton Village III, ©Jetton Village III, ©Jetton Village III, ©Jetton Village III; Comic book: ©Globaltec, ©Garfield, Jim Davis ©2014 Paws, Inc. All Rights Reserved/Dist. Universal Uclick, ©Globaltec, ©Globaltec, ©Globaltec, ©Globaltec, ©Globaltec, ©Globaltec, ©Thinkstock/Getty Images, ©Garfield, Jim Davis ©2014 Paws, Inc. All Rights Reserved/Dist. Universal Uclick, ©Adrian Niederhaeuser/Shutterstock, ©Adrian Niederhaeuser/Shutterstock, ©Adrian Niederhaeuser/Shutterstock, ©Adrian Niederhaeuser/Shutterstock, ©Adrian Niederhaeuser/Shutterstock, ©Jose Elias da Silva Neto/Shutterstock, ©Grmarc/Shutterstock, ©Luisa Venturoli/Shutterstock, ©Wow! comic speech bubble in pop art style; Invitations: ©View Comunicação, ©Reprodução/invitetown, ©View Comunicação, ©View Comunicação, ©View Comunicação, ©View Comunicação, ©View Comunicação, ©View Comunicação, ©Reprodução, ©Thinkstock/Getty Images, ©Thinkstock/Getty Images, ©Thinkstock/Getty Images, ©Thinkstock/Getty Images, ©Thinkstock/Getty Images, ©Thinkstock/Getty Images, ©Upon A Time Designs; Lists: ©View Comunicação, ©Lagos State Government, ©View Comunicação, ©View Comunicação, ©View Comunicação, ©View Comunicação, ©View Comunicação, ©View Comunicação, ©View Comunicação, ©View Comunicação, ©View Comunicação, ©View Comunicação, ©Simply Measured, ©Milena Vuckovic/Shutterstock, ©Milena Vuckovic/Shutterstock, ©Milena Vuckovic/Shutterstock, ©Milena Vuckovic/Shutterstock, ©Thinkstock/Getty Images, ©Thinkstock/Getty Images, ©Thinkstock/Getty Images, ©Thinkstock/Getty Images, ©Thinkstock/Getty Images; Instruction manual: ©Paulo José, ©Combiusa.com, ©Combiusa.com, ©Combiusa.com, ©Paulo José, ©Paulo José, ©Paulo José, ©Paulo José, ©Paulo José, ©Paulo José, ©Paulo José, ©Paulo José, ©Paulo José, ©Paulo José, ©Paulo José, ©Pressman Toy, ©GorGrigoryan/Shutterstock, ©Gor Grigoryan/Shutterstock, ©Gor Grigoryan/Shutterstock, ©GorGrigoryan/Shutterstock, ©Gor Grigoryan/Shutterstock, ©Gor Grigoryan/Shutterstock, ©Thinkstock/Getty Images, ©Thinkstock/Getty Images, ©Thinkstock/Getty Images, ©Thinkstock/Getty Images, ©Thinkstock/Getty Images, ©Thinkstock/Getty Images, ©Ivelly/Shutterstock, ©Ivelly/Shutterstock, ©Ivelly/Shutterstock, ©Ivelly/Shutterstock; Menu: ©Siqueira, ©Leo Burdock, ©Siqueira, ©Siqueira, ©Siqueira, ©Siqueira, ©Siqueira, ©Siqueira, ©Siqueira, ©Siqueira, ©Siqueira, ©Mr.Lightman/Shutterstock, ©Thinkstock/Getty Images, ©Thinkstock/Getty Images, ©Thinkstock/Getty Images, ©Thinkstock/Getty Images, ©Thinkstock/Getty Images, ©Thinkstock/Getty Images, ©Thinkstock/Getty Images, ©BrotherMels, ©Tobik/Shutterstock, ©Andrey Armyagov/Shutterstock, ©Nils Z/Shutterstock, ©Kwang Dee/Shutterstock, ©Joe Gough/Shutterstock, ©Bonchan/Shutterstock, ©Kesu/Shutterstock, ©R.Ashrafov/Shutterstock; Websites: ©Globaltec, ©Princeton University Art Museum, ©Globaltec, ©Globaltec, ©Thinkstock/Getty Images, ©Thinkstock/Getty Images, ©Thinkstock/Getty Images, ©Globaltec, ©Globaltec, ©Globaltec, ©Globaltec, ©Globaltec, ©Globaltec, ©Best Western International, ©Faysal/Shutterstock, ©Telnov Oleksii/Shutterstock, ©Wwwebmeister/Shutterstock, ©Brem Stocker/Shutterstock, ©Ftws/Shutterstock; Recipe: ©Paulo José, ©www.food.com, ©Thinkstock/Getty Images,Thinkstock/Getty Images, ©Thinkstock/Getty Images, ©Thinkstock/Getty Images, ©Paulo José, ©Thinkstock/Getty Images, ©Thinkstock/Getty Images, ©Thinkstock/Getty Images, ©Thinkstock/Getty Images, ©Thinkstock/Getty Images, ©Thinkstock/Getty Images, ©Thinkstock/Getty Images, ©Thinkstock/Getty Images, ©BettyCrocker.com, ©Thinkstock/Getty Images, ©Thinkstock/Getty Images, ©Thinkstock/Getty Images, ©Thinkstock/Getty Images, ©Thinkstock/Getty Images, ©Thinkstock/Getty Images, ©Thinkstock/Getty Images, ©Thinkstock/Getty Images, ©Thinkstock/Getty Images, ©Thinkstock/Getty Images, ©Thinkstock/Getty Images, ©Thinkstock/Getty Images, ©Ggrigorov/Shutterstock, ©Thinkstock/Getty Images, ©Thinkstock/Getty Images, ©Thinkstock/Getty Images, ©Thinkstock/Getty Images; Book review: ©Siqueira, ©Reprodução, ©Siqueira, Siqueira, ©Siqueira, ©Siqueira, ©Siqueira, ©Siqueira, ©Reprodução, ©Reprodução, ©Reprodução, ©Reprodução, ©Reprodução; Film review: Siqueira, ©Reprodução, ©Siqueira, ©Siqueira, ©Siqueira, ©Siqueira, ©Siqueira, ©Thinkstock/Getty Images, ©Thinkstock/Getty Images, ©Thinkstock/Getty Images, ©Siqueira, ©Reprodução, ©Thinkstock/Getty Images, ©Reprodução, ©Reprodução; Labels and packaging: ©Paulo José, ©Nature's Garden Organics, ©Thinkstock/Getty Images, ©Thinkstock/Getty Images, ©Thinkstock/Getty Images, ©Thinkstock/Getty Images, ©Thinkstock/Getty Images, ©Thinkstock/Getty Images, ©Paulo José, ©Paulo José, ©Paulo José, ©Paulo José, ©Paulo José, ©Giant Eagle, ©Giant Eagle, ©Giant Eagle, ©Giant Eagle, ©Giant Eagle, ©Giant Eagle, ©Reprodução, ©Reprodução, ©Reprodução, ©Reprodução, ©Picsfive/Shutterstock, ©Givaga/Shutterstock, ©Picturepartners/Shutterstock, ©Violetkaipa/Shutterstock.

Contents

Presentation (*Apresentação*) 4

Videos synopses (*Resumo dos vídeos*) 6

Advertisement 10

Newspaper article 18

Blog 26

Chat 34

Fable 42

Flyer 50

Comic book 58

Invitations 66

Lists 74

Instruction manual 82

Menu 90

Websites 98

Recipe 106

Book review 114

Film review 122

Labels and packaging 130

Answer key (*Respostas*) 138

Video script translation (*Traduções dos vídeos*) 170

Presentation (*Apresentação*)

Em qualquer lugar por onde passamos, circulamos entre textos. Mas, afinal, o que é texto? Será que quando falamos também produzimos textos? Ou um texto precisa ser algo necessariamente escrito? Tais dúvidas são comuns quando abordamos esse tema e, para esclarecê-las, é importante entender o texto como resultado de nossas atividades comunicativas, tanto orais quanto escritas, em situações concretas de interação social, como conversar, fazer convites, montar listas, jogar e até preparar receitas culinárias.

Portanto, como o texto está presente em diversas situações sociais do nosso dia a dia, ele pode ser classificado em diferentes gêneros, denominados gêneros textuais. Segundo Mikhail Bakhtin (2003, p. 279), filósofo russo e um dos principais estudiosos sobre o tema, é possível classificar em gêneros os vários textos produzidos, uma vez que todo texto, oral ou escrito, apresenta um conjunto de características "relativamente estáveis", mesmo que não tenhamos consciência delas. Essas características definem os gêneros textuais com base em três aspectos essenciais: o assunto, a estrutura e o estilo.

Assim, os gêneros representam textos – orais ou escritos – com um formato específico. Eles estão presentes em nosso cotidiano e são definidos a partir da situação de interação verbal da qual participamos, tais como reuniões, festas, conversas, entre outras. Os gêneros, como formas típicas de comunicação verbal, determinam a escolha das palavras, a expressividade, a entonação etc., as quais permitem a interação verbal. Dessa forma, a escolha do gênero textual para cada situação sociocomunicativa depende de diferentes elementos do contexto de comunicação, como: quem está produzindo o texto, a quem ele é dirigido, qual é sua finalidade, em que momento histórico e local é produzido etc. Portanto, a riqueza e a diversidade dos gêneros textuais são infinitas, posto que as possibilidades de atividades e contextos de interação comunicativa entre os seres humanos são inesgotáveis.

Luiz Antônio Marcuschi (2006), estudioso brasileiro de filosofia da linguagem, também considera os gêneros textuais um vasto campo de comunicação, pois, além de oferecerem possibilidades de escolha, permitem a expansão da criatividade, adaptando-se, renovando-se e se multiplicando de acordo com a necessidade. Assim eles precisam ser estudados não somente por sua forma ou estrutura, mas também por sua dinamicidade, pelo papel social que desempenham e como forma de interação entre os sujeitos.

Às considerações sobre criatividade, adaptação, renovação e dinamismo dos gêneros podemos associar a reflexão de Bakhtin (2003, p. 301) sobre o papel do destinatário. Para o filósofo, os destinatários, para os quais falamos ou escrevemos, determinam a composição e, em particular, o estilo do enunciado. Portanto, é importante termos consciência de que, quando falamos ou escrevemos, direcionamo-nos sempre a alguém. Nesse sentido, o gênero tem um caráter dialógico: falamos e escrevemos para estabelecer comunicação e, assim, dependemos da atitude compreensiva e responsiva do outro.

Nesse ponto, retomamos a afirmação de que os gêneros textuais são infinitos não só porque respondem a diversas possibilidades de atividade e de contextos de interação comunicativa, mas também porque refletem o poder criativo, dinâmico e dialógico do homem na produção da linguagem de acordo com a diversidade de destinatários.

Desse modo, onde houver interação social haverá gênero textual. Por isso, a presente obra busca desenvolver esse tema por meio de 16 vídeos que retratam gêneros textuais a partir de situações do nosso cotidiano, como ir ao mercado, fazer um bolo, jogar *videogame*, entre outras, cada um dos quais acompanhado por atividades de compreensão audiovisual e de prática sobre o respectivo gênero representado.

Reference list (Referências bibliográficas)

BAKHTIN, Mikhail. *Estética da criação verbal*. 3. ed. São Paulo: Martins Fontes, 2003.

MARCUSCHI, Luiz Antônio. Gêneros Textuais: configuração, dinamicidade e circulação. In KARWOSKI, Acir Mário; GAYDECZKA, Beatriz; BRITO, Karim Siebeneicher (orgs.). *Gêneros textuais*: reflexões e ensino. 2. ed. Rio de Janeiro: Lucerna, 2006.

Videos synopses (Resumo dos vídeos)

Advertisement (Anúncio)

Um jovem quer vender sua bicicleta usada e um amigo lhe sugere que a anuncie em uma página de vendas da Internet, propondo-se a ajudá-lo a criar o anúncio. Com a intenção de despertar o interesse de um possível comprador, o amigo inclui no título do anúncio que a bicicleta é nova e que está em perfeitas condições, o que não é verdade. O dono da bicicleta, ao ver o anúncio finalizado, fica insatisfeito e decide modificá-lo, dando informações verdadeiras sobre o produto. Ele escreve que, embora não seja nova, a bicicleta é muito resistente e ainda pode proporcionar aventuras ao futuro dono, pois é de corrida. Também acrescenta detalhes como marca, modelo e ano de fabricação, e adiciona uma foto. O anúncio logo chama a atenção de alguém que está acessando o *site*.

Newspaper article (Artigo jornalístico)

Na redação de um jornal, jornalistas experientes e novatos estão trabalhando. Dois estagiários buscam uma oportunidade e conhecem um jornalista disposto a ensiná-los. O jornalista lhes dá algumas instruções sobre como fazer uma notícia e pede que saiam às ruas à procura de fatos para noticiar. Embora um dos estagiários fique um pouco inseguro, sua colega o tranquiliza e eles conseguem encontrar um fato que consideram interessante para o leitor. Escrevem a notícia e a levam à redação do jornal, para que o jornalista que os orientou a avalie. Ele aprova a notícia e dá as boas-vindas aos dois estagiários em sua nova carreira de jornalistas.

Blog (Blogue)

Duas adolescentes, Ana e Martha, navegam na Internet. Martha está postando imagens de seus gatinhos no *notebook*, enquanto Ana está navegando na Internet pelo celular. Ana encontra fotos de uma roupa que adorou e as mostra a Martha, que se interessa em saber em que blogue foram publicadas. Ana não sabe se as fotos estão em um blogue, pois parecem profissionais. Martha explica que há blogues com aparência tão profissional que se parecem com *sites* jornalísticos. Então, as duas meninas começam a procurar blogues na Internet para observar suas características: o que é um blogue, como ele é, quem o cria, o tipo de linguagem utilizada, o que se publica geralmente e qual é a possibilidade de compartilhar informações.

Chat (Chat)

Duas irmãs gêmeas decidem dar um *smartphone* de presente de aniversário para a mãe. O objetivo é inseri-la no mundo das novas tecnologias digitais e fazer com que aprenda a se comunicar por mensagens de texto de maneira mais informal, usando abreviações e *emoticons*. O vídeo mostra que o uso consciente desse tipo de linguagem pelos jovens não interfere no conhecimento nem na utilização dos padrões da língua culta e não prejudica seu desempenho escolar.

Videos synopses

Fable (*Fábula*)

Uma menina conversa ao telefone com uma amiga e lhe conta que precisa escrever uma fábula para o trabalho de Literatura da escola, mas não sabe como. Decide, então, dormir e pensar no assunto no dia seguinte. A amiga, ao se despedir, deseja-lhe que tenha um sonho que a ajude a solucionar o problema. Durante o sono, a jovem sonha com Esopo e La Fontaine, dois famosos fabulistas de épocas diferentes, que lhe explicam o que é uma fábula e fazem comentários que a ajudam. No dia seguinte, ao acordar, a menina tem uma ideia para escrever sua fábula.

Flyer (*Folheto*)

Durante o ensaio de uma banda de *rock*, o guitarrista recebe uma ligação. Enquanto esperam que ele a atenda, os outros integrantes da banda comentam sobre como gostariam de participar de alguma apresentação e divulgar seu trabalho. Após alguns minutos, o guitarrista retorna com a notícia de que foram convidados para tocar em um festival, substituindo uma das bandas que não poderá comparecer. Porém, como o material de divulgação do festival já está pronto, cabe a eles promover seu próprio *show*. Decidem, então, elaborar e mandar imprimir folhetos, os quais são distribuídos entre os amigos e conhecidos. O *show* é um sucesso.

Comic book (*História em quadrinhos*)

Um garoto tenta, porém sem sucesso, escrever uma história em quadrinhos como tarefa da escola. Seu irmão mais velho, observando a irritação e dificuldade do menino, aproxima-se para ajudá-lo e lhe dá as seguintes orientações: primeiro, ele deve criar um enredo e um roteiro; depois, deve decidir o número de páginas e de quadrinhos por página; em seguida, deve escrever as falas dos personagens; e, por fim, desenhar. Diante do espanto do irmão mais novo sobre seu conhecimento, o irmão mais velho lhe revela um segredo: é fanático por histórias em quadrinhos e guarda no armário do quarto grande quantidade de gibis; por isso, domina o assunto.

Invitations (*Convites*)

Em uma sala de aula, três adolescentes, entre elas a representante da turma, conversam sobre a festa de formatura. A discussão gira em torno de como escrever os convites: que informações devem incluir, o estilo de texto e de apresentação, e como devem ser entregues. Depois de trocarem opiniões e pensarem sobre os aspectos necessários para elaborar os convites, conseguem definir um modelo de acordo com o tipo de festa que vão oferecer aos convidados. Na festa sai tudo como planejado, o que demonstra a importância de enviar um convite bem elaborado.

Videos synopses

Lists (*Listas*)

Os adolescentes Tom e Mark esperam amigos para um churrasco que haviam organizado. Estão preparando a carne e colocando sucos e refrigerantes para gelar, quando a campainha toca. Eles pensam que são as meninas convidadas, porém quem entra é Paul, que fica surpreso pelo fato de os demais convidados ainda não terem chegado. Pouco tempo depois, a campainha toca novamente e entra outro amigo, Ralph. O tempo passa, as meninas não aparecem e todos percebem que Tom se esqueceu de convidá-las. Os amigos ficam bastante chateados e Paul lembra a todos que já havia dito ao amigo para fazer uma lista de convidados. Eles percebem, então, a importância de fazer listas e, juntos, começam a organizar o próximo churrasco, com lista de convidados, de compras e de tarefas para cada um.

Instruction manual (*Manual de instruções*)

Duas amigas jogam *videogame*, enquanto seu amigo, Fred, lê o manual de instruções. Para passar de fase no jogo, as meninas precisam derrotar o Ogro que quer devorar os outros personagens. Fred tenta ajudá-las lendo o manual, que explica passo a passo como ganhar o jogo. Apesar do desespero das duas jogadoras e da tensão do jogo, seguindo as dicas dadas por Fred, elas passam de fase com sucesso e todos comemoram. Ele se vangloria por ter sido o responsável pela vitória, mas sua amiga diz que o mérito foi da revista que continha as instruções de como ganhar.

Menu (*Cardápio*)

Em um fim de noite, um casal de namorados e dois amigos decidem comer em uma lanchonete. Cada um recebe o cardápio para escolher o que vai pedir: o namorado procura algo barato; a namorada quer escolher os alimentos pelo valor calórico, mas o cardápio não apresenta essa informação; o amigo quer um prato com muitos ingredientes; e a amiga quer apenas um doce e busca algo na lista de sobremesas. Feitas as escolhas, todos lancham e conversam animadamente, e, no final, dividem a conta com base nos preços informados no cardápio.

Websites (*Sites*)

Um rapaz, de quem a princípio só se ouve a voz, explica como acessar páginas de Internet e os tipos de *site* que existem. O som da digitação no teclado e o movimento do cursor do *mouse* mostram a sequência da explicação: usar um navegador para acessar informações na Internet; digitar o endereço eletrônico do *site* ou buscar endereços em *sites* de busca; clicar em *links* e abrir páginas. Ele mostra um blogue de receitas culinárias, um *site* de leilão e um jornal com anúncios *on-line*, explicando algumas especificidades de cada um e mostrando a possibilidade de interação. No fim, vemos que todas as explicações são para sua bisavó, que parece não entender tantas informações sobre a nova tecnologia digital.

Videos synopses

Recipe (*Receita*)

Ao final de um jogo de *videogame*, dois adolescentes decidem preparar algo para comer. A menina sugere que façam um bolo, mas, sem saber exatamente que ingredientes usar e as etapas a seguir, eles só fazem confusão na cozinha. Partindo das lembranças da menina sobre como a avó costuma fazer bolo, o menino decide anotar os ingredientes e as respectivas quantidades, assim como o passo a passo para prepará-lo. Assim, eles escrevem a receita completa do bolo, conseguindo prepará-lo e saboreá-lo.

Book review (*Resenha de livro*)

Duas meninas descansam embaixo da árvore de um parque, quando uma delas lembra que precisa escrever a resenha de um livro como tarefa escolar. Ela fica desesperada, então, porque não sabe o que é nem como se faz uma resenha. A amiga, porém, a tranquiliza dizendo que é fácil e explica o que é uma resenha, como deve ser iniciada, que aspectos devem ser analisados e como deve ser feito o comentário crítico acerca do livro e do estilo do autor. Depois de muitas explicações, a menina se acalma, porém acaba desesperando a sua amiga quando lhe diz que o trabalho é para o dia seguinte.

Film review (*Resenha de filme*)

Lisa e Kate, duas amigas, conversam sobre o filme que Lisa assistiu. Kate está em dúvida se vai gostar da história e pergunta à amiga como é o filme. Lisa, no entanto, começa a contar a história com tantos detalhes que a amiga a interrompe. O foco da conversa passa a ser, então, a resenha de filmes. Kate explica que a resenha de um filme deve conter o perfil dos personagens, a trilha sonora e um resumo da história, sem detalhes. Mas Lisa não entende e acaba contando o fim do filme, o que deixa a amiga bastante irritada.

Labels and packaging (*Rótulos e embalagens*)

Três amigos, Andrew, Robert e Michael, vão viajar juntos nas férias e dividir as despesas com aluguel e compras de mercado. Eles se reúnem para organizar a viagem e decidir o que comprar. No mercado, escolhem os produtos verificando os rótulos e as embalagens. Enquanto fazem as compras, mostram que as embalagens e os rótulos fornecem ao consumidor as informações de cada produto: tipo, características, ingredientes da composição, data de validade, se a embalagem é reciclável e se é biodegradável. Mostram também que o rótulo tem a função de persuadir os compradores e, por isso, não se deve confiar em tudo que se lê nas embalagens.

Advertisement

BEFORE THE VIDEO

O QUE É?

O anúncio publicitário é um gênero textual que tem a finalidade de promover uma ideia, um produto, uma empresa ou um serviço e persuadir o receptor, ou seja, convencê-lo de que o que está sendo promovido pelo anúncio é de boa qualidade e deve ser adquirido ou seguido.

EM QUE MEIO É DIVULGADO?

Um anúncio pode ser divulgado em meios impressos, como revistas, jornais e *outdoors*, ou em meios multimidiáticos, como o rádio, a televisão e a Internet.

COMO SE ESTRUTURA?

Para elaborar um anúncio, utilizam-se, normalmente, a linguagem verbal (escrita ou falada) e a linguagem não verbal (imagens). É necessário definir o público-alvo, ou seja, o receptor que o anúncio visa atingir: jovens, crianças, adultos, idosos, empresários, donas de casa, estudantes etc.

Com relação à linguagem verbal, é preciso que o texto seja claro, objetivo e bastante atraente, para que possa ser interpretado com facilidade, convencendo o receptor sem gerar dúvidas. A respeito da linguagem não verbal, também é preciso que seja atraente e de fácil reconhecimento.

O anúncio publicitário não tem uma estrutura rígida; contudo, pode conter alguns elementos comuns, tais como:

Título (*Title*): é formado por frases concisas, porém atraentes. Em geral, utilizam-se verbos no imperativo e adjetivos que qualificam o produto ou serviço anunciado.

Imagem (*Image*): representa um elemento de fundamental importância para o discurso, pois será o responsável por chamar a atenção do receptor imediatamente.

Corpo do texto (*Main body of the text*): trata-se do desenvolvimento da ideia propriamente dita, proporcionando mais detalhes sobre

Advertisement

o que está sendo anunciado a fim de desenvolver o processo de convencimento do receptor.

Slogan (*Slogan*): é uma frase de leitura fácil e rápida que define o que está sendo anunciado.

Identificação do anunciante (*Advertiser's identification*): é o nome e/ou logotipo que identifica a empresa ou instituição que está anunciando.

Informação extra (*Extra information*): fica a critério do anunciante informar o preço do produto ou serviço anunciado, um telefone para contato, um *site* ou alguma rede social etc.

Veja um exemplo de anúncio publicitário a seguir:

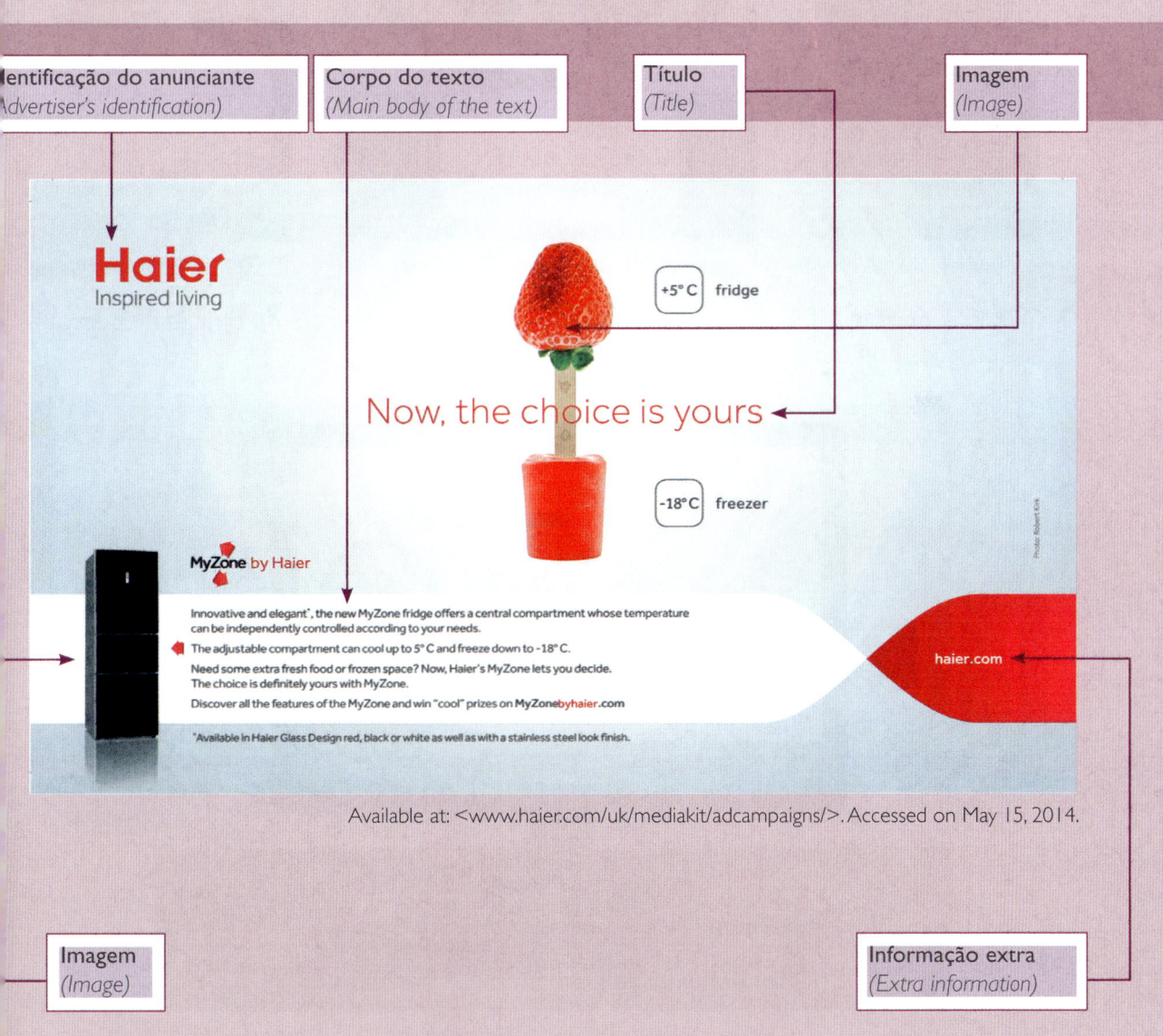

Available at: <www.haier.com/uk/mediakit/adcampaigns/>. Accessed on May 15, 2014.

Advertisement

WHILE THE VIDEO IS PLAYING

1 Assinale a imagem que representa a expressão do menino quando vê o anúncio que o amigo criou para vender sua bicicleta. Depois, complete o balão de fala com o que o menino diz ao amigo.

2 Que informações falsas o amigo do menino escreveu no anúncio da bicicleta? Escreva-as nos espaços como aparecem no vídeo.

Advertisement

3 Quais são os elementos necessários para criar um anúncio? Assinale-os.

- **a** ☐ A photo of the actual product.
- **b** ☐ Information that deliberately misleads the reader.
- **c** ☐ The product's most appealing features.
- **d** ☐ Engaging but realistic titles.
- **e** ☐ Many photos.
- **f** ☐ Truthful information about the product.
- **g** ☐ The product's price.

4 Encontre, no caça-palavras, informações verdadeiras (em inglês) que o personagem incluiu no anúncio de sua bicicleta.

G	L	L	A	B	U	M	E	T	A	I	E
P	M	S	Q	A	S	P	N	K	W	L	N
N	R	I	U	M	O	D	E	L	H	O	D
O	P	O	J	R	S	R	T	N	Y	T	I
P	R	L	D	T	P	A	R	Q	E	N	C
R	E	L	K	U	E	D	A	U	A	A	A
G	R	O	J	E	C	F	N	I	R	G	R
E	F	G	R	S	C	T	M	D	B	F	G
A	R	U	D	A	H	T	I	S	F	E	H
R	E	A	E	N	I	I	I	N	I	T	S
S	G	N	O	U	S	C	E	H	F	L	E
Z	A	T	L	I	M	O	N	J	L	O	L
T	R	R	N	U	A	X	T	E	L	A	V
Y	U	R	T	N	N	O	S	I	R	E	
I	B	R	A	N	D	A	S	M	K	Y	G
B	O	D	I	G	U	R	C	T	N	O	R

13

Advertisement

5 Responda às perguntas.

a What's the purpose of an advertisement like the one the boys have created?

_____

b Why should an advertisement be attractive?

_____

c What should an advertisement make the customer do?

_____

d Why is the boy upset at the advertisement his friend has created?

_____

e What does the boy mean when he says "illegal" when referring to the advertisement his friend created?

_____

6 Observe o anúncio final e relacione as colunas de acordo com o significado das descrições que o personagem faz de sua bicicleta.

a It's a very resistant and fast racing bike.
b Make your offer!
c Original parts.
d It has only a few minor scratches.
e There is no rust.

☐ Customers are invited to say how much they would pay for it.
☐ The parts where the paint came off are not affected by rust.
☐ It can still stand heavy-duty use and will not break easily.
☐ None of its parts have been altered.
☐ The surface has been somewhat damaged.

Advertisement

AFTER THE VIDEO

1 Observe a imagem em destaque. Depois, escreva abaixo das imagens A a E o nome do meio de comunicação correspondente utilizado para divulgar anúncios.

A

B

C

D

E

2 Classifique as afirmações sobre o gênero anúncio em verdadeiras (*True*) ou falsas (*False*).

	True	False
a Every advertisement promotes a product.	☐	☐
b A slogan or catch phrase is usually long.	☐	☐
c The advertiser can identify itself in the advertisement.	☐	☐
d A photo can raise the customers' interest in an advertisement.	☐	☐
e You must never share prices in an advertisement.	☐	☐
f Defining your target audience is an important strategy.	☐	☐
g The main objective of an advertisement is to persuade.	☐	☐

Advertisement

3 Relacione as afirmações com o(s) anúncio(s) correspondente(s).

Available at: <www.vector-electrical.co.uk/#!media>. Accessed on May 17, 2014.

Available at: <http://smashburger.com/septemberpromotion/>. Accessed on May 17, 2014.

a ☐ Informs the website address.
b ☐ Shows a telephone number.
c ☐ Presents the brand's logo.
d ☐ Requests the audience's contribution.
e ☐ Promotes a product.
f ☐ Offers discounts for certain groups of customers.
g ☐ Promotes a service.
h ☐ Emphasizes images.
i ☐ Offers a special deal.
j ☐ Gives detailed information.
k ☐ Reveals the main idea behind an advertising campaign.

Available at: <www.usedoilrecycling.com/en/bc/communicationspublicity/additionalmaterials>. Accessed on May 17, 2014.

Advertisement

4 Escreva abaixo de cada anúncio o título correspondente.

| The moment of adventure has come | Are you looking for the ideal scent? |
| Check out our bestsellers | You can save on insurance |

A

B

C

D

Beyond the text

Observe o anúncio "Return your used oil here", na página 16, e pense em algum problema que afeta a população da região em que você vive. Pesquise em revistas, jornais ou na Internet atitudes que podem ser tomadas para amenizar ou solucionar esse problema, como a sugestão feita no anúncio de oferecer um lugar para o descarte e a reciclagem de óleo usado. Em seguida, produza um anúncio publicitário para divulgar as ideias pesquisadas e organize uma campanha solidária. Para tanto, sugerimos seguir as etapas abaixo:

- Crie um título atraente, chamativo, curto e direto para o seu anúncio.
- No corpo do anúncio, apresente detalhes sobre a campanha: por que ela está sendo realizada, qual é a sua finalidade, como participar etc.
- Insira uma imagem, que pode ser uma foto recortada ou digitalizada de jornais e revistas, uma ilustração criada por você ou uma foto tirada da Internet. Não se esqueça de mencionar a fonte da qual você extraiu a imagem.
- Crie um logotipo (uma imagem com ou sem texto escrito) que ajude o leitor a identificar rapidamente o grupo ou a instituição que está promovendo a campanha.

Newspaper article

BEFORE THE VIDEO

O QUE É?

O artigo de jornal não se restringe à divulgação de um fato ou assunto novo do interesse da comunidade. Ele inclui o trabalho investigativo do repórter, que apura dados e confronta opiniões de pessoas envolvidas no fato ou assunto.

EM QUE MEIO É DIVULGADO?

O artigo jornalístico pode ser divulgado em meios impressos, como jornais ou revistas, e também em meios digitais, como nos *sites* dos meios impressos ou nos de outras instituições vinculadas ao meio jornalístico.

COMO SE ESTRUTURA?

Um artigo jornalístico tem como base a linguagem verbal; porém, é frequentemente acompanhado de fotografias, gráficos, ilustrações e outros elementos que reforçam seu caráter documental. Além disso, por ser um gênero geralmente longo, necessita recorrer a determinados mecanismos que o tornem apelativo e despertem o interesse do leitor. Os elementos que compõem a estrutura de um artigo jornalístico são:

Título (*Headline*): resume, em uma frase, o fato que será apresentado no corpo do artigo. Também costuma ser apelativo, a fim de despertar o interesse do leitor.

Data (*Date*): informa ao leitor quando o artigo foi publicado e tem relação com a data em que o fato aconteceu.

Autor (*Author*): apresenta o nome do jornalista ou da agência de notícias responsável pela autoria do artigo publicado.

Lide (*Lead*): expõe o assunto que será desenvolvido e resume as informações essenciais do artigo jornalístico: o que, quando, onde e como aconteceu.

Corpo (*Body*): desenvolve os acontecimentos.

Opiniões ou citações (*Opinions or quotations*): podem apresentar comentários do próprio jornalista, pequenas entrevistas ou depoimentos.

Elementos não verbais (*Nonverbal elements*): são fotografias, ilustrações, gráficos, charges etc. que complementam a informação escrita e, assim como o título, também servem para despertar o interesse do leitor.

Legendas (*Captions*): apresentam uma breve descrição sobre o elemento não verbal, relacionando-o ao texto escrito.

Créditos (*Credits*): indicam a fonte ou o nome do autor, fotógrafo ou ilustrador responsável pela imagem.

Veja um exemplo de artigo de jornal a seguir.

Available at: <http://guardian.co.tt/news/2014-03-17/fireman-dies-after-tree-falls-car>. Accessed on April 8, 2014.

Newspaper article

WHILE THE VIDEO IS PLAYING

1 Observe a cena do vídeo e responda às perguntas.

   a Where do journalists usually work?

   _____

   _____

   b What kind of professionals work there?

   _____

   _____

   c What kind of tool in particular do they need to work?

   _____

   _____

2 Assinale a resposta correta para completar as frases sobre o vídeo.

   a The journalist who helps the trainees addresses them in a … tone.
   - [ ] friendly
   - [ ] serious
   - [ ] nervous

   b The task he assigns them is…
   - [ ] difficult.
   - [ ] easy.
   - [ ] dangerous.

   c To complete the task, the trainees need to…
   - [ ] conduct a search on the Internet and find a good article.
   - [ ] read other newspapers to learn how to write an article.
   - [ ] go out into the streets in search of a topic and write an article.

   d The journalist assigns this task to the trainees because…
   - [ ] they already have experience in that job.
   - [ ] he wants to assess their potential for the profession.
   - [ ] he does not trust them and does not want them to work in the editorial office.

Newspaper article

3 Escreva nas colunas a seguir as características adequadas e as inadequadas para uma notícia, conforme a explicação do vídeo.

A newspaper article should… ✓	A newspaper article should not… ✗

4 Relacione as afirmações aos personagens correspondentes.

- **a** ☐ Thinks they have to be factual.
- **b** ☐ Is very self-confident.
- **c** ☐ Finds the story they need.
- **d** ☐ Wants to write a dramatic headline.
- **e** ☐ Wants to grab the readers' attention.
- **f** ☐ Thinks the task will be easy to accomplish.
- **g** ☐ Is kind of scared.

Newspaper article

5 Classifique as afirmações em verdadeiras (*True – T*) ou falsas (*False – F*).

a ☐ They write an article about a traffic accident.
b ☐ The article is about a fireman who risked his life.
c ☐ They forgot to choose a photo for the article.
d ☐ They do not mention when the event they describe happened.
e ☐ They wrote a clear and striking headline.

6 Observe a última cena do vídeo e explique por que o locutor diz: "*Once again, the story repeats itself…*".

_____
_____
_____
_____

Newspaper article

AFTER THE VIDEO

1 Relacione os títulos dos artigos às seções de jornal correspondentes.

- a People who sleep less are overweight
- b Election day coming closer
- c Tablets replace books in the classroom
- d Players celebrate with coach
- e Citizens' awareness results in less garbage
- f Successful women in big companies

2 Observe as imagens e crie títulos interessantes para compor um artigo jornalístico.

Newspaper article

3 Leia o artigo jornalístico e responda às perguntas.

'WHATSAPPITIS' AND OTHER MODERN INJURIES

7:47 AMMAR 28 By MONA CHALABI

The Lancet has seen its fair share of bizarre medical cases — the medical journal has, after all, been around for 191 years. But the latest diagnosis probably caught a few of its editors by surprise: WhatsAppitis.

The 34-year-old patient, herself an emergency-medicine physician, sustained the injury after using WhatsApp, an instant-messaging service for smartphones. On Dec. 25, "she made continuous movements with both thumbs to send messages" for more than six hours. The wrist pain she suffered meant that she stopped using WhatsApp… until an "exchange of new messages on Dec. 31."

The clinician who made the diagnosis added a caution in the publication that the case could be part of an emerging trend. So we thought it would be useful to summarize previous tech-induced injuries and see whether we could find any relevant data on emergency-room admissions.

1990: Nintendinitis was first diagnosed with surprising parallels to the case described above. The clinician recounts how "a 35-year-old woman visited my home during the Christmas holidays, at which time my sons received a Nintendo video game. The woman, who had not previously engaged in this recreational activity, pursued it with enthusiasm, playing without interruption for five hours. The following day, she had severe pain in the region of the extensor tendon of the right thumb, which had been used to press a button repeatedly."

1991: Nintendo Neck was diagnosed by a doctor after he noticed his son had a neck ache from using his Game-Boy. He describes how "the pain must have been intense, for he actually chose to walk away from the game and chose to play Barbie with his sister, whom he tolerates at best."

1991: Nintendo Pants Wetting, or "enuresis" to use its proper medical term, was noted in the Pediatrics journal. Although, "the problem was resolved after 1 to 2 weeks when the children learned to use the pause button."

2004: Playstation Thumb was reported in the Lancet by an individual who found a "blister made by the friction of my left thumb and the PS2 game controller."

2009: Wiiitis has had various forms observed, including a type of Wii-tennis elbow; Wii-knee "in which a 16-year-old boy avulsed several knee ligaments during a particularly energetic session with the console"; and more generic cases, such as "an inebriated man who accidentally punched his wife in the face as he attempted to battle a dungeon 'boss' in 'Zelda: Twilight Princess.'"

Beyond these instances, we couldn't find a dataset on technological or gaming injuries (let us know if you can point us toward one). But we can get a little closer to understanding the risks associated with different products. The Consumer Product Safety Commission has been keeping a database of specific emergency visits. Its National Electronic Injury Surveillance System was last updated in 2012 and shows which products injure whom. Unfortunately, there's no mention of Wiis, let alone WhatsApp, but we've summarized some of the biggest categories below.

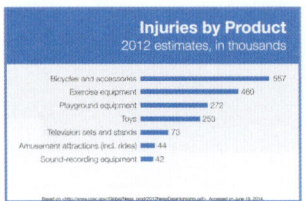

Based on <www.cpsc.gov//Global/Neiss_prod/2012NeissDataHighlights.pdf>. Accessed on June 19, 2014.

Available at: <http://fivethirtyeight.com/datalab/whatsappitis-and-other-modern-injuries/>. Accessed on April 8, 2014.

Newspaper article

a Identify a quotation in the article and who said it.
_____
_____

b Identify the author of the article. Is it a journalist or a news agency?
_____

c What are the sources for the information presented in this article?
_____
_____

d How is the photo related to the topic of the article?
_____
_____

e Apart from the photo, what other nonverbal element complements the text? How is it related to the written text?
_____
_____

Beyond the text

Elabore um artigo jornalístico sobre um fato importante que ocorreu em seu bairro ou em sua cidade. Considere as orientações a seguir para o planejamento e a elaboração do artigo:

- Procure informações sobre esse fato em revistas, jornais, programas de rádio ou de televisão e na Internet.
- Tente conseguir o depoimento de autoridades, instituições ou pessoas envolvidas no fato. É possível consegui-lo por *e-mail*, por telefone ou pessoalmente. Não se esqueça de pedir autorização para divulgar o que lhe foi dito.
- Crie títulos e subtítulos que organizem a leitura do seu artigo.
- Use imagens ou gráficos para dar consistência ao seu artigo, mencione a fonte na qual os encontrou e peça autorização de uso ao responsável por esse material.
- Utilize a terceira pessoa do singular para narrar os fatos e mantenha a imparcialidade.
- Decida em que meio quer publicar o seu artigo: você pode enviá-lo para a redação de um jornal ou de uma revista de seu bairro, para o portal de seu colégio, ou até publicá-lo em seu blogue ou em sua página de rede social na Internet.

Blog

BEFORE THE VIDEO

O QUE É?

O termo *blog* vem da abreviação de *weblog*, sendo que *web* significa tecido, teia, e também é usado para designar o ambiente da Internet, e *log*, diário de bordo. O blogue é considerado uma espécie de diário virtual, utilizado por pessoas interessadas em relatar fatos do cotidiano, pensamentos, observações, opiniões, entre outras informações. Com o tempo, ele foi se tornando o meio ideal não só para a publicação de ideias pessoais, mas também para a divulgação de notícias, de textos sobre política e cultura, pesquisas, de publicidade etc. É uma ferramenta do mundo virtual que permite aos usuários, chamados "blogueiros", colocar conteúdo na rede e interagir com outros internautas. Atualmente, os blogues deixaram de ser apenas particulares, passando a ser criados por empresas, corporações, organizações e até por grupos interessados em interagir sobre um mesmo tema.

EM QUE MEIO É DIVULGADO?

Um blogue só pode ser divulgado através da Internet; porém, há diversas plataformas, pagas e gratuitas, que permitem aos usuários criar seu próprio blogue, cada uma delas oferecendo possibilidades de *layout* e de funcionalidade diferentes. Embora os blogues possam ser criados por qualquer internauta, é preciso ter responsabilidade sobre o que será publicado, pois os visitantes podem denunciar seu conteúdo caso seja falso ou inadequado ao público a que se destina.

COMO SE ESTRUTURA?

As características de um blogue podem variar de acordo com a plataforma que o hospeda, mas, em geral, observam-se os seguintes elementos:

Barra de ferramentas (*Toolbar*): permite pesquisar assuntos dentro do blogue, compartilhar a página que está sendo visitada, denunciar conteúdos inapropriados, visitar outros blogues disponíveis na mesma plataforma etc.

Cabeçalho (*Header*): informa a data de publicação da postagem mais recente e o nome do blogue, que pode ser acompanhado por uma breve descrição e uma imagem.

Área de postagem (*Posting area*): espaço reservado para textos, imagens, vídeos, áudios etc. publicados pelo proprietário do blogue e, também, para os comentários feitos pelos seguidores.

Barra de navegação lateral ou superior (*Sidebar*): auxilia o internauta a navegar pelo blogue. Em geral, apresenta *links* de outros blogues ou páginas da Internet indicadas pelo proprietário do blogue; um arquivo com postagens anteriores, organizado por data ou categoria; a relação de pessoas que seguem aquele blogue etc.

Cabeçalho *(Header)*

Barra de navegação lateral *(Sidebar)*

Sunday, May 11, 2014

Nigel Slater's "Needs Must" Fettuccine Alfredo

When my good friend Deb, of Kahakai Kitchen, shared this recipe for Nigel Slater's "Needs Must" Fettuccine Alfredo I knew straight away I had to make it! I found myself drooling over Deb's pics of creamy and comforting fettuccine noodles. Then I noticed how simple the recipe was. Easiest recipe for Fettuccine Alfredo ever. Five ingredients. Dead Simple.

Now I will confess. It's hard to justify eating something so indulgent. However, my thirteen year old daughter simply loves Fettuccine Alfredo and it just so happens that she is underweight. Do you see where I'm going with this? I made this Fettuccine Alfredo for her. After all, the doctor did say she needed to gain weight and it is my job to feed the child. I'm telling you. This parenting gig is a rough job sometimes. The things we have to suffer through.

Área de postagem *(Posting area)*

About Me

 Kim
Georgetown, Kentucky, United States

View my complete profile

Are you on Pinterest?

 23

Facebook Badge

Kim Marcus Tracy
facebook

Name:
Kim Marcus Tracy

Create Your Badge

Follow by Email

Email address... [Subm]

Google+ Followers

I Heart Cooking Clubs

Cooking with Nigel Slater

Blog Archive

▼ 2014 (20)
  ▼ May (4)
    Vegetable Rolls with Chile Yogurt Sauce
    Mini Spinach and Feta Pies {Spanakopita}
    Nigel Slater's "Needs Must" Fettuccine Alfredo
    Brown Rice, Carrot and Cashew Pilau
  ▶ April (4)
  ▶ March (5)
  ▶ February (3)

Available at: <http://mykentuckyhome-kim.blogspot.com.br/>. Accessed on April 17, 2014.

Blog

WHILE THE VIDEO IS PLAYING

1 Observe a imagem a seguir e complete o texto com as palavras do quadro.

- website
- Internet
- surfing
- post
- laptop
- share
- cell phone

Ana is _____ the _____ on her _____ _____ and finds a picture of some clothes she really loves. She decides to _____ the photos and talks to her friend Martha. Martha is very busy trying to _____ a picture of her kittens on her _____, but she becomes interested in the clothes and asks Ana where she saw them. The girl can't say exactly where she found that picture, but she says it must be from a professional _____, judging by the quality of the image.

2 Marque a parte da casa em que as personagens estão conversando no vídeo.

A — In the kitchen.

B — In the bedroom.

C — In the living room.

Blog

3 Marque as afirmações verdadeiras segundo o vídeo.

- **a** ☐ Ana doesn't know there are professional blogs.
- **b** ☐ Martha doesn't know any professional blogs she could show Ana.
- **c** ☐ "Log Teen Blog" and "Everyday Teen Fashion" are examples of personal blogs.
- **d** ☐ "Log Teen Blog" is the most famous blog in the world about teen fashion.
- **e** ☐ There are people who are not journalists but they write blogs.
- **f** ☐ You have to be a journalist to blog.
- **g** ☐ You may become a famous person by blogging.
- **h** ☐ Dentists write blogs about cell phones.

4 Observe a imagem a seguir e responda às perguntas.

a What name appears in the blog?

___

b Which of the following pictures appears in the blog?

c What are the main colors of the blog?

___

d What textual genre does the girl compare her blog to?

___

Blog

5 Relacione as colunas e forme frases relacionadas às explicações das meninas no vídeo.

　a A blog is…
　b On a blog…
　c To create a blog…
　d Blogs…
　e To write on a blog…
　f Those who write on a blog…

　☐ you can write as much as you want and whatever you want.
　☐ take the reader into account.
　☐ allow you to write texts and insert pictures and videos as well.
　☐ very different from a social network.
　☐ it is important to check whether the information is true and reliable.
　☐ you use tools that are fast and simple.

6 Assista ao vídeo e complete a fala de Martha com as palavras correspondentes.

And, when you're a beginner _____, there's nothing better than having _____ evaluating your _____. That's how you'll know if you are doing well or not. The more people _____ your blog the _____, because you'll know if people _____ what you write.

Blog

AFTER THE VIDEO

1 Observe os blogues e indique em qual deles podemos ler sobre os temas a seguir.

- [ ] Computer programming
- [ ] Education and research
- [ ] Dieting and healthy eating
- [ ] The environment
- [ ] Movies
- [ ] Politics

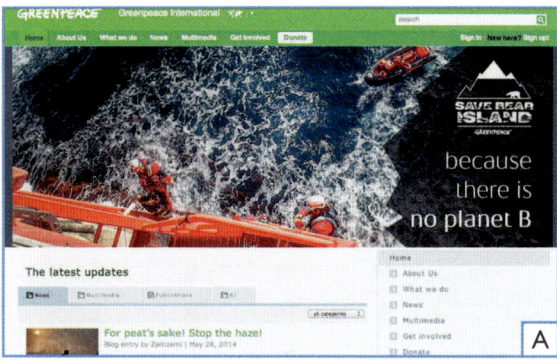

A
Available at: <www.greenpeace.org/international/en/>.
Accessed on April 17, 2014.

B
Available at: <www.whitehouse.gov/blog>.
Accessed on April 17, 2014.

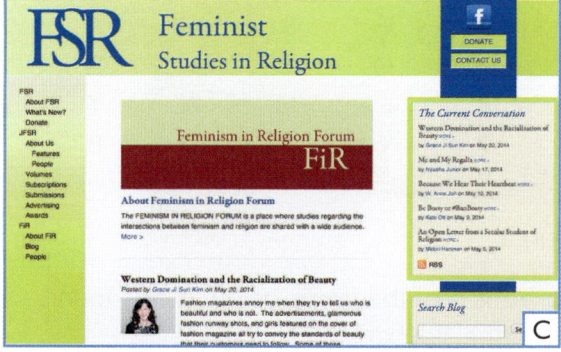

C
Available at: <www.fsrinc.org/blog>.
Accessed on April 17, 2014.

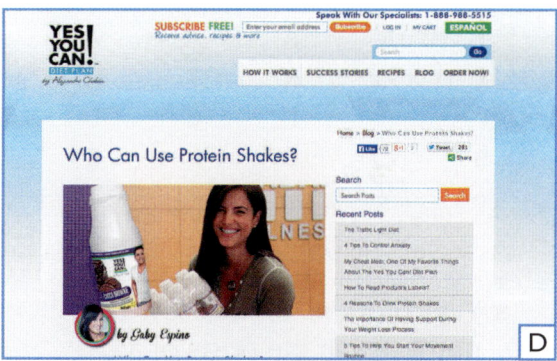

D
Available at: <www.yesyoucandietplan.com/blog/>.
Accessed on April 17, 2014.

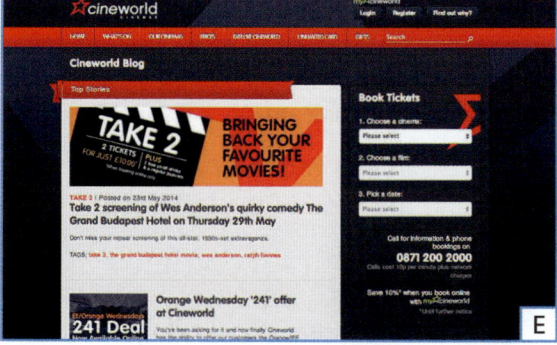

E
Available at: <www.cineworld.co.uk/blog>.
Accessed on April 17, 2014.

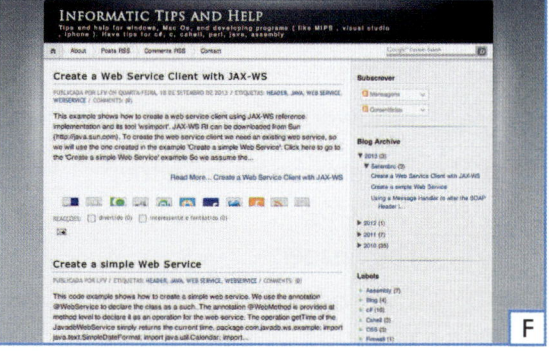

F
Available at: <http://informatictips.blogspot.com.br/>.
Accessed on April 17, 2014.

Blog

2 Encontre, no caça-palavras, os sete termos abaixo, traduzidos ao inglês, os quais estão relacionados com a criação de um blogue.

- plataforma
- foto
- texto
- vídeo
- postagem
- ferramentas
- comentário

G	L	L	A	Z	U	M	E	T	A	I	E
W	M	S	Q	P	S	P	N	K	E	L	N
V	I	Y	U	L	R	V	I	D	O	O	D
O	P	C	J	A	S	R	T	N	Q	T	I
P	R	L	K	T	P	A	R	Q	E	E	C
R	E	L	P	F	E	D	A	C	H	X	A
M	R	Y	J	O	O	F	N	O	A	T	R
I	F	G	R	R	S	N	M	M	B	F	G
R	R	U	D	M	H	T	E	M	R	E	H
N	E	A	E	D	I	I	I	E	I	T	S
A	G	N	O	U	S	C	E	N	A	L	E
Z	A	T	O	O	L	S	N	T	G	R	L
T	R	R	N	W	A	X	T	S	O	A	O
Y	U	R	T	N	N	N	O	S	I	R	E
I	P	I	C	T	U	R	E	M	A	Y	C
B	O	D	I	G	U	R	V	I	D	E	O

3 Assinale a resposta correta para cada pergunta.

a Which of the items below is **not** found in the posts of a blog?
☐ Photos.
☐ Toolbar.
☐ Videos.
☐ Followers' comments.

b Which item can be on either side of a blog?
☐ The header.
☐ The postings.
☐ The sidebar.
☐ The toolbar.

c Which of the items below is **not** found in the sidebar?
☐ Websites suggested by the blogger.
☐ Content organized by date of publication.
☐ Blog followers.
☐ Videos published on the blog.

d Where can you find the name of the blog and the date of the last post?
☐ In the header.
☐ In the posts.
☐ In the sidebar.
☐ In the toolbar.

Blog

4 Observe a imagem abaixo e classifique as afirmações sobre o gênero blogue em verdadeiras (*True – T*) ou falsas (*False – F*).

- **a** ☐ The target audience of this blog is pregnant women.
- **b** ☐ This blog doesn't have profiles on social networks.
- **c** ☐ All the content is available.
- **d** ☐ The reader can subscribe and become a member of this blog.
- **e** ☐ The blog organizes its content by topics.
- **f** ☐ This blog is about yoga.
- **g** ☐ Members can receive updates by e-mail.

Available at: <http://mamaseeds.com/blog/baby-yoga/prenatal-and-postpartum-yoga-and-pilates-videos/>. Accessed on April 17, 2014.

Beyond the text

Pense em um tema de seu interesse e sobre o qual você já tenha algum conhecimento. Faça uma pesquisa na Internet sobre blogues que tratam desse assunto e pense em maneiras diferentes de apresentá-lo, como, por exemplo: inserir um nome atrativo ou outras fotos e/ou vídeos sobre o tema; incluir novidades ou curiosidades sobre o tema que ainda não estão nos blogues que visitou; publicar sua primeira postagem para despertar o interesse dos internautas; encontrar locais para divulgar sua página etc. Escolha uma plataforma gratuita para criar seu blogue (veja algumas indicações a seguir) e dê início à sua página. Para isso, será preciso criar uma conta com *login* e senha. Não se esqueça de elaborar dois textos: um para apresentar seu blogue e outro para você se apresentar aos visitantes. Lembre-se de que textos bem escritos dão mais credibilidade ao blogue.

Sugestões de plataformas gratuitas para a criação de blogues:

- <http://br.wordpress.org/>, acessado em 23 abr. 2014.
- <http://blog.clickgratis.com.br/main.php>, acessado em 23 abr. 2014.
- <www.blogorama.com.br/?nav=subscribe>, acessado em 23 abr. 2014.
- <www.criarumblog.com/>, acessado em 23 abr. 2014.
- <www.blogger.com/>, acessado em 23 abr. 2014.
- <http://blog.uol.com.br/>, acessado em 23 abr. 2014.

Chat

O QUE É?

O *chat* é um bate-papo virtual, ou seja, uma forma de comunicação por escrito que ocorre em tempo real e em meio eletrônico. Nesse gênero, a escrita apresenta características da fala por se tratar de um tipo de comunicação que se efetiva de modo rápido e descontraído, e no qual os usuários podem utilizar gírias, abreviações, símbolos, sons, imagens e até vídeos para formular suas mensagens.

EM QUE MEIO É DIVULGADO?

Por depender do ambiente virtual, o *chat* é um gênero textual que se realiza em *sites* ou programas da Internet ou até mesmo por meio de aplicativos para celulares ou *tablets*, os quais permitem que duas ou mais pessoas batam papo. No início, o *chat* se realizava nas denominadas salas de bate-papo, disponibilizadas por vários provedores da Internet. Atualmente, suas formas mais difundidas ocorrem por meio de aplicativos ou programas que permitem conversar a partir do acesso à Internet.

COMO SE ESTRUTURA?

Na conversa virtual existem alguns recursos de inserção de símbolos, ícones, sons, fotos e vídeos que são utilizados para reproduzir risadas, gestos, ações e expressões faciais da conversa presencial. Os ícones já se popularizaram nesse gênero e são conhecidos como *emoticons*, palavra do inglês que significa ícone (*icon*) que representa emoção (*emotion*). A estrutura dos *chats* varia de acordo com o programa ou aplicativo utilizado; entretanto, há alguns elementos comuns, como:

Lista de contatos (*Contact list*): relação de pessoas que o usuário do programa/aplicativo conhece e com quem costuma conversar virtualmente.

Imagem de perfil (*Profile picture*): imagem utilizada para identificar os participantes do *chat*. Cada usuário, ao se cadastrar em um

Chat

programa ou aplicativo de bate-papo, pode escolher uma imagem para representá-lo.

Ícones e barra de navegação (*Icons and navigation bar*): permitem aos usuários do *chat* que realizem algumas ações antes ou durante a conversa, como: criar grupos de conversa, adicionar contatos, pesquisar contatos da lista, enviar arquivos, adicionar *emoticons* etc.

Indicador de status (*Status icon*): símbolo escolhido pelo usuário ou mensagem escrita por ele que indica seu *status*; por exemplo, se está disponível, ausente, ocupado, em horário de almoço, no trabalho etc.

Área de *chat* (*Message field*): espaço no qual o usuário digita a mensagem que fará parte do bate-papo.

Veja, a seguir, um exemplo de *chat* e seus elementos.

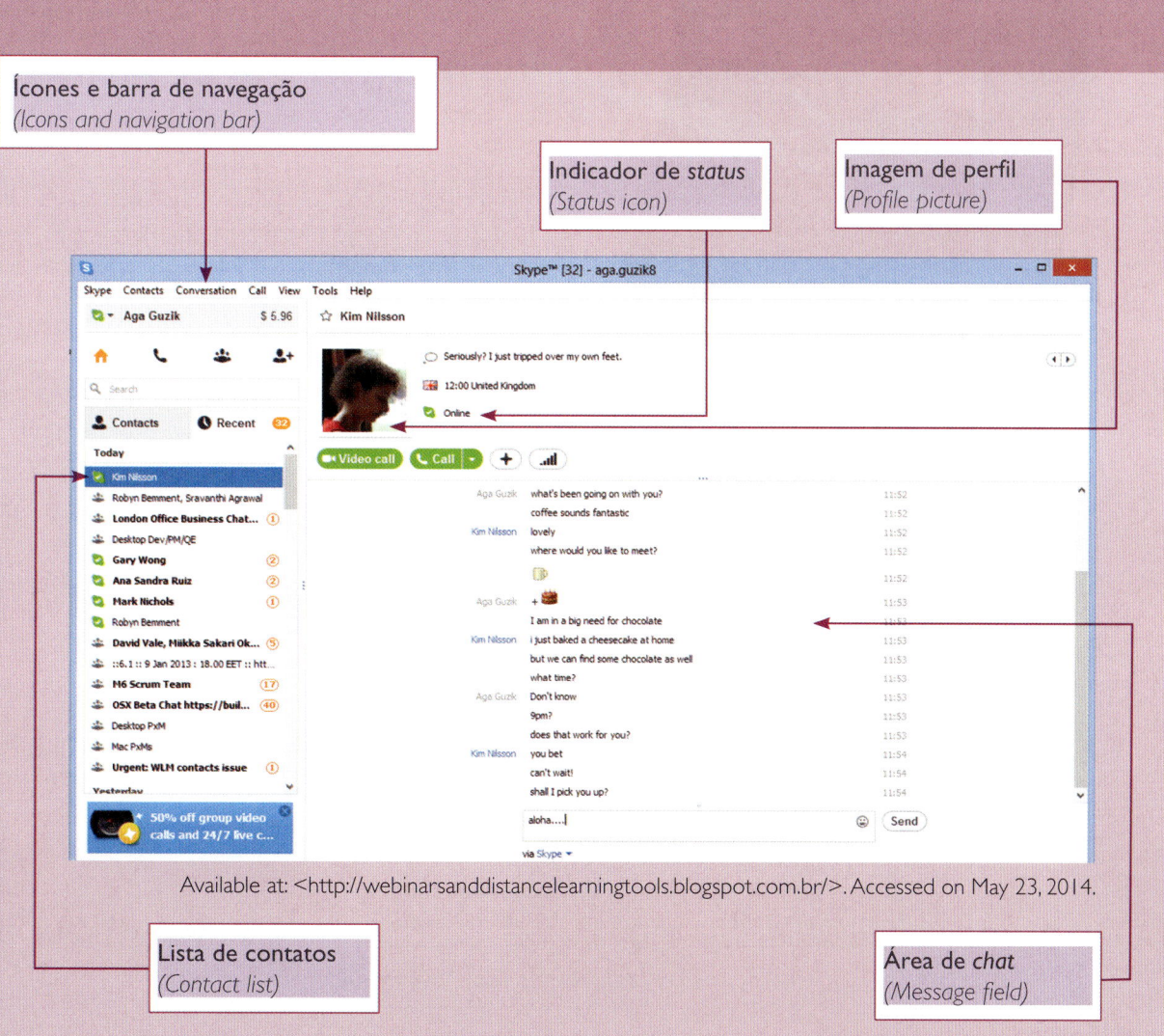

Available at: <http://webinarsanddistancelearningtools.blogspot.com.br/>. Accessed on May 23, 2014.

Chat

WHILE THE VIDEO IS PLAYING

1 Complete a cruzadinha com os recursos do celular que as meninas deram à mãe.

2 Complete as afirmações de acordo com o vídeo.

a The girls are thinking about what gift _____ their mother for her _____ next week.

b They believe a _____ would be a good gift for their mother to live in the _____ world and _____ the girls a little better.

c The gift comes as a surprise to the mother and she worries that she will have to _____ how to use the _____.

d The girls reassure their mother that it's not so _____ to use a cell phone and that it's _____ she learned how to use one.

36

Chat

3 Escolha a única frase que **não** faz parte da mensagem que a mãe enviou às filhas.

- a ☐ Thank you very much for the gift.
- b ☐ I'm very happy today, girls.
- c ☐ I loved this cell phone.
- d ☐ Kisses and hugs. Signed, Mom.
- e ☐ I love you both!

4 Relacione as imagens ou abreviações que as meninas utilizaram com cada frase da mensagem da mãe.

- a I'm very happy today, girls.
- b Thank you very much for the gift.
- c You are great!
- d Kisses and hugs. Signed, Mom.

☐ 😘   ☐ u r gr8   ☐ 😃 grls   ☐ tks 4 the gift

Chat

5 Responda às perguntas de acordo com o vídeo.

a Why does the mother take a long time to send her first text message?

_____

_____

b Why do the girls reply with abbreviations?

_____

_____

c Why is the mother worried that the girls use abbreviations?

_____

_____

d What else do the girls give their mother as a gift?

_____

_____

6 Relacione o nome de modelos de celular às imagens correspondentes. Depois, circule aquele que as meninas deram à mãe.

a slide-open cell phone.
b touchscreen smartphone.
c keyboard smartphone.
d flip-open cell phone.

Chat

AFTER THE VIDEO

1 Observe o *chat* da imagem e escolha a opção correta para completar cada frase.

a Chat messages are usually…
- [ ] short.
- [ ] long.

b Chat messages generally use…
- [ ] formal language.
- [ ] informal language.

c A chat is a kind of…
- [ ] face-to-face communication.
- [ ] online communication.

d When you chat, you commonly use abbreviations because…
- [ ] they're fast and easy to type.
- [ ] it's the only way to communicate online.

2 Relacione as descrições aos recursos de navegação de um aplicativo de *chat*.

a Displays the messages we sent and received, showing the messages of the conversation so far.

b Allows you to insert emoticons and symbols.

c Activates the camera so you can carry on a video conversation.

d It's the image that represents the contact we're chatting with.

Available at: <http://blogs.skype.com/2011/12/13/skype-26-per-android-invia-fot/>. Accessed on May 15, 2014.

Chat

3 Observe os *emoticons*. Depois, ordene as letras para formar o sentimento ou estado que representam.

A — RETID _____

B — DECFONSU _____

C — GLUANIHG _____

D — YHNUPAP _____

4 Leia as dicas e complete a cruzadinha.

   a An online conversation that happens in real time.
   b You type faster when you use them.
   c They are used to convey gestures and feelings.
   d You can download it onto your cell phone or computer to be able to chat online.
   e You need to have access to it in order to chat.

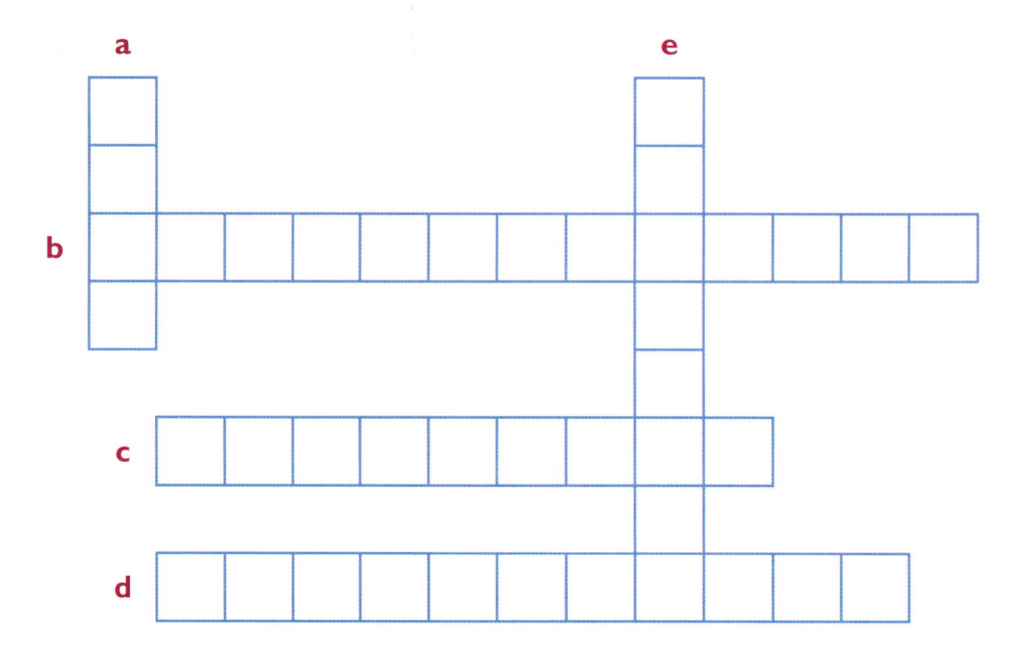

Chat

5 Relacione as mensagens às abreviações correspondentes.

a How are you? Kisses.
b Wanna go to the movie after class?
c Why don't you want to see me?
d Is six o'clock OK?
e Shall I e-mail you?

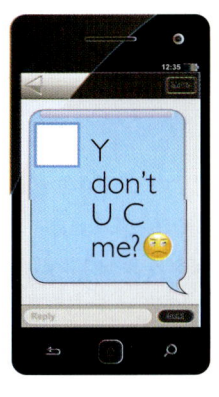

| ☐ Shall I EM U? | ☐ Y don't U C me? | ☐ HRU? | ☐ Movie AC? | ☐ 6 OK? |

Beyond the text

Pense em um tema interessante para discutir com amigos e familiares e crie um grupo de conversa em algum programa ou aplicativo de *chat*. Você também pode propor algum evento, como um encontro entre amigos no boliche, na sorveteria, no parque ou em outro lugar do bairro ou da cidade, e avisar a um grupo de amigos e/ou familiares, de modo que todos possam confirmar presença e dar sugestões de horários e locais. Veja, nos *links* a seguir, dicas de como organizar um grupo de conversa em alguns aplicativos. Caso use outro programa, procure em um *site* de busca como criar grupos de conversa nesses aplicativos.

Sugestões de aplicativos para criar grupos de conversa:

- <www.whatsapp.com/faq/pt_br/general/21073373>, acessado em 13 maio 2014.
- <www.comofazerfacebook.com.br/bate-papo-em-grupo/>, acessado em 13 maio 2014.
- <https://support.skype.com/pt/faq/FA1005/como-faco-para-iniciar-um-chat-em-grupo-no-skype-para-windows-desktop>, acessado em 13 maio 2014.
- <www.wechat.com/pt/features.html#group>, acessado em 13 maio 2014.

Se você ainda não tem um aplicativo de *chat* no seu celular, computador ou *tablet*, leia, no *site* indicado a seguir, informações sobre alguns dos principais aplicativos e escolha qual baixar: <www.techtudo.com.br/kits/aplicativos-de-bate-papo-para-enviar-mensagens-gratis-no-android.html>, acessado em 13 maio 2014.

Fable

BEFORE THE VIDEO

O QUE É?

A fábula é um gênero narrativo que se caracteriza por apresentar estrutura simples, na qual conta-se uma pequena história com a intenção de transmitir um ensinamento e de levar o leitor à reflexão. Os personagens das fábulas, em geral, são animais, mas também há fábulas cujos personagens são forças da natureza ou objetos. Esses personagens representam manias, defeitos ou virtudes dos seres humanos, adaptados a situações do universo a que pertencem. No início, as fábulas eram contadas oralmente e depois passaram a ser registradas por escrito. Dois dos fabulistas mais conhecidos são Esopo, da Grécia, e La Fontaine, da França. Embora muito antigas, as fábulas continuam a ser contadas e lidas até hoje, pois transmitem valores éticos e morais ao criticar ou exaltar certos comportamentos humanos.

EM QUE MEIO É DIVULGADA?

A fábula pode ser contada oralmente ou publicada em livros, jornais, revistas e *sites*.

COMO SE ESTRUTURA?

A estrutura narrativa da fábula é composta de:

Enredo (*Storyline*): é o desenrolar dos acontecimentos, um relato de fatos vividos por personagens, ordenados em uma sequência lógica e temporal. Por isso, ele se caracteriza pelo emprego de verbos de ação, que indicam a movimentação dos personagens no tempo e no espaço.

Ambiente (*Setting*): é o lugar onde acontece a história.

Tempo (*Time*): normalmente, é indeterminado na história.

Personagens (*Characters*): podem ser animais, forças da natureza, deuses ou objetos que representam virtudes, defeitos ou características dos seres humanos. São utilizados de forma simbólica para criticar ou exaltar os comportamentos abordados.

Clímax (*Climax*): é o ponto de tensão da narrativa.

Moral (*Moral*): em geral, no final das fábulas, destaca-se uma frase, composta de um provérbio ou não, denominada moral da história. Algumas vezes, essa moral pode estar implícita na narrativa.

Veja um exemplo de fábula na página seguinte.

Personagens
(Characters)

Ambiente
(Setting)

The Fox and the Goat

Enredo
(Storyline)

A Fox, having fallen into a well, could find no means of escape. A Goat, overcome with thirst, came to the well, and, seeing the Fox, inquired if the water was good. The Fox, concealing his sad plight under a merry guise, indulged in a lavish praise of the water, saying it was beyond measure excellent, and encouraged him to descend.

The Goat, mindful only of his thirst, thoughtlessly jumped down, when, just as he quenched his thirst, the Fox informed him of the difficulty they were both in, and suggested a scheme for their common escape. "If," said he: "you will place your forefeet upon the wall, and bend your head, I will run up your back and escape, and will help you out." The Goat readily assented and the Fox leaped upon his back, and steadying himself with the goat's horns, reached in safety the mouth of the well, and immediately made off as fast as he could.

When the Goat upbraided him with the breach of his bargain, he turned round and cried out: "You foolish fellow! If you had as many brains in your head as you have hairs in your beard, you would never have gone down before you had inspected the way up, nor have exposed yourself to dangers from which you had determined upon no means of escape."

Clímax
(Climax)

Moral
(Moral)

Moral: Look before you leap.

Adapted from: Aesop. *Aesop's Fables*. Copyright 1881. Translator: unknown. New York: WM. L. Allison Co., Publishers. Available at: <http://litscape.com/author/Aesop/The_Fox_and_the_Goat.html>. Accessed on May 15, 2014.

Fable

WHILE THE VIDEO IS PLAYING

1 Marque a resposta adequada para cada pergunta.

a Where is the girl during the conversation with her friend?

☐ In the living room.
☐ In the bedroom.
☐ In the study.
☐ In the garden.

b How is the girl positioned while she talks with her friend?

☐ She is sitting on the floor.
☐ She is lying on the sofa.
☐ She is lying on the floor.
☐ She is sitting on a chair.

c How does the girl talk with her friend?

☐ On her cell phone.
☐ Through a video call using her computer.
☐ Chatting online.
☐ On a cordless phone.

d What does she tell her friend?

☐ That she needs to read a book for her Literature class.
☐ That she doesn't know what the assignment for the next Literature class is.
☐ That she was reading a book of fables for her next Literature class.
☐ That she needs to write a fable for her next Literature class.

e When does the girl call her friend?

☐ As soon as she wakes up.
☐ Before she goes to bed.
☐ In the afternoon.
☐ Before she goes to school.

2 Observe as imagens a seguir e faça os exercícios.

a Who are the two people in the girl's dream? Write their names.

A _ _ _ _ _ _ _ _ _ _ _ _ _ _ _ _   B _ _ _ _ _ _ _ _ _ _

b Conduct a research to explain who the people in her dream are.

_____
_____

Fable

3 Assinale o personagem que dá cada uma das explicações sobre a fábula no vídeo.

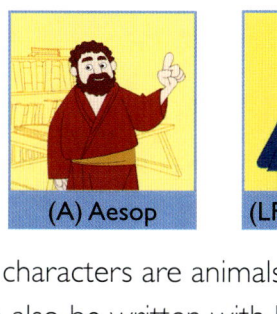

(A) Aesop   (LF) La Fontaine

	A	LF
a The main characters are animals.	☐	☐
b Fables can also be written with human beings.	☐	☐
c Animals represent human features.	☐	☐
d A fable is a fantasy.	☐	☐
e It is possible to write fables featuring gods.	☐	☐
f There should always be a moral at the end.	☐	☐

4 Complete o texto com as palavras do quadro para explicar o que acontece no vídeo a partir desta cena.

animals	alarm clock	dream	fable
fantasy	moral	people	short
story	strange	wakes up	

The girl _____ from her _____ when the _____ rings. She thinks it is _____ to think of _____ that talk like _____, but she realizes that the dream has helped her understand what a _____ is. As she thinks through all the things that happened in her dream, she arrives at the conclusion that it is like a _____ because it is a _____ text, but it has to be a _____ and have a _____ at the end.

45

Fable

5 Numere as cenas de acordo com a ordem em que aparecem no vídeo.

6 Relacione cada número das cenas do exercício anterior com a frase correspondente para montar um resumo do vídeo.

   a ☐ The girl is talking on her cell phone with a friend.
   b ☐ The girl explains that she had a little help and learned a moral: the importance of sharing your problems with your friends.
   c ☐ While she sleeps, she dreams that two famous fable writers explain to her the features of a fable.
   d ☐ The following day, at school, the girl feels more relaxed and her friend asks how she solved the fable problem.
   e ☐ The friend listens as the girl explains that she does not know how to write a fable for her Literature class.
   f ☐ As she wakes up from her dream, the girl has an idea as to how to write her fable.
   g ☐ Her friend advises her to sleep on it and so the girl goes to bed.
   h ☐ She picks up her laptop to make a note of what she learned in the dream, in order be able to write her fable.

Fable

AFTER THE VIDEO

1 Leia a fábula a seguir e responda às perguntas.

The Tortoise and the Hare

Aesop

The Hare was once boasting of his speed before the other animals. "I have never yet been beaten," said he, "when I put forth my full speed. I challenge anyone here to race with me."
The Tortoise said quietly, "I accept your challenge."
"That is a good joke," said the Hare. "I could dance around you all the way."
"Keep your boasting until you've beaten," answered the Tortoise. "Shall we race?"
So a course was fixed and a start was made. The Hare darted almost out of sight at once, but soon stopped and, to show his contempt for the Tortoise, lay down to have a nap. The Tortoise plodded on and plodded on, and when the Hare awoke from his nap, he saw the Tortoise just near the finish line, and he could not catch up in time to save the race.
Slow and steady wins the race.

Available at: <www.studyzone.org/testprep/ela4/a/fablel.cfm>. Accessed on May 15, 2014.

a When and where is this fable set?

_____

b What human feature did the Hare represent?

_____

c Why didn't the Hare win the race?

_____

d What lesson did the Tortoise teach the Hare?

_____

2 Ordene os fragmentos a seguir para formar o enredo da fábula *The Ox and the Frog*.

The Ox and the Frog

Aesop

a ☐ "If the beast was as big as that in size."

b ☐ "He is dead, dear Mother; for just now a very huge beast with four great feet came to the pool and crushed him to death with his cloven heel."

c ☐ An Ox drinking at a pool trod on a brood of young frogs and crushed one of them to death.

d ☐ "Cease, Mother, to puff yourself out," said her son, "and do not be angry; for you would, I assure you, sooner burst than successfully imitate the hugeness of that monster."

e ☐ Moral: When one is ill-treated, it is better to listen to the prudent advice than to act wrongly for the desire of revenge.

f ☐ The Mother coming up, and missing one of her sons, inquired of his brothers what had become of him.

g ☐ The Frog, puffing herself out, inquired,

Available at: <http://aesopsfables.d6ok.com/Fables/Aesop/E309The%20Ox%20and%20the%20Frog.htm>. Accessed on May 15, 2014.

Fable

3 Leia a fábula seguinte e marque as opções corretas para cada pergunta.

> **The Wolf in Sheep's Clothing**
>
> A Wolf found great difficulty in getting at the sheep owing to the vigilance of the shepherd and his dogs. But one day it found the skin of a sheep that had been flayed and thrown aside, so it put in on over its own pelt and strolled down among the sheep.
>
> The Lamb that belonged to the sheep, whose skin the Wolf was wearing, began to follow the Wolf in the Sheep's clothing.
>
> So, leading the Lamb a little apart, he soon made a meal of her, and for some time he succeeded in deceiving the sheep, and enjoying hearty meals.
>
> **Appearances are deceptive.**

Available at: <http://umass.edu/aesop/content.php?n=33&i=1>. Accessed on May 16, 2014.

a Which animals appear in this fable?

b Which human character has a part in this fable?

c What human failing does this fable showcase?
- [ ] Wearing the wrong clothes for a specific situation.
- [ ] Trying to trick someone else.
- [ ] Not sharing what you have in abundance with those who are in need.

d What do we learn from this fable?
- [ ] That we shouldn't judge what a stranger says only by appearances.
- [ ] That we should try hard to be like everyone else.
- [ ] That we should do everything we can to overcome difficulties.

Fable

4 Relacione as colunas e forme frases que são usadas como moral em algumas fábulas conhecidas.

- **a** Little friends… (*The Lion and the Mouse*)
- **b** It is best to prepare… (*The Ant and the Grasshopper*)
- **c** People often grudge others… (*The Dog in the Manger*)
- **d** A little thing in hand… (*The Fisherman and the Little Fish*)
- **e** Greed… (*The Goose with the Golden Eggs*)

- [ ] may prove great friends.
- [ ] is worth more than a great thing in prospect.
- [ ] what they cannot enjoy themselves.
- [ ] often overreaches itself.
- [ ] for the days of necessity.

Beyond the text

Agora é a sua vez. Com base no conhecimento que você adquiriu sobre o gênero textual fábula, elabore uma fábula com dois personagens que seja contada por um narrador observador, isto é, escreva a história como se estivesse observando o que aconteceu.

Lembre-se de que a fábula é uma narrativa curta e deve transmitir um ensinamento. Não se esqueça de dar um título à sua fábula.

É necessário também criar a moral da história: para isso, você pode escolher uma das três sugestões a seguir ou inventar outra com base em algum ensinamento que tenha aprendido em alguma situação pela qual passou na escola, com sua família, com seus amigos etc.

Sugestões:

Moral 1: O feitiço virou contra o feiticeiro.
Pode referir-se a uma fábula em que um personagem recebe de volta uma maldade que fez a outro.

Moral 2: Em vez de ter inveja do talento dos outros, aproveite o seu ao máximo.
Pode ser utilizada em uma fábula que tenha um personagem infeliz por querer ser o que não é, esquecendo-se de suas próprias qualidades.

Moral 3: Às vezes, o fraco pode ser forte.
Pode relacionar-se a uma fábula em que um personagem, considerado fraco fisicamente, ajuda muito um personagem considerado forte.

Flyer

BEFORE THE VIDEO

O QUE É?

O folheto é um gênero textual que tem a finalidade de divulgar ao leitor informações sobre a realização de eventos. Em geral, o folheto traz informações sobre eventos culturais ou educacionais, como *shows*, peças de teatro, lançamentos de livros ou de filmes, encontros e seminários, entre outros, ou ainda sobre eventos sociais, como campanhas de vacinação ou de doação, feiras de adoção de animais, atividades beneficentes, entre outros. Costuma apresentar textos breves e objetivos, utilizando letras grandes e cores atrativas, para facilitar a leitura, a compreensão e a visualização da mensagem que pretende transmitir.

EM QUE MEIO É DIVULGADO?

Normalmente é impresso em folha avulsa, com distribuição ou exibição em locais de intensa circulação, como grandes avenidas, estações de metrô, rodoviárias, supermercados, centros comerciais etc. Também é comum que empresas publiquem folhetos em seus *sites* para que sejam visualizados por todos que os acessam.

COMO SE ESTRUTURA?

O folheto apresenta elementos variados, de acordo com o que informa, mas, em geral, é composto por:

Nome (*Headline*): informa o nome do evento, seja lançamento de livro ou filme, *show*, campanha, atividade cultural, entre outros.

Descrição (*Description*): descreve brevemente ao leitor como será o evento, qual seu objetivo, quem o realiza, como participar ou se inscrever, o público-alvo, ou seja, a quem se destina o evento etc.

Data, horário e local (*Date, time and location*): informa quando e onde o evento será realizado.

Logo (*Logo*): contém a imagem que representa o promotor e os patrocinadores do evento.

Contato (*Contact details*): inclui dados como telefone, endereço e *e-mail* do promotor do evento.

Imagem (*Image*): é a foto ou ilustração que se relaciona com o evento sobre o qual o folheto informa.

Veja, a seguir, um exemplo de folheto.

Nome
(Headline)

FREE BACKPACKS

Descrição
(Description)

Kars 4 Kids

In partnership with NYCHA will be giving out **FREE** Kids Backpacks in Far Rockaway
Thursday, August 29, 2013

Data
(Date)

11am-1pm
Hammel Community Center
81-14 Rockaway Beach Blvd
Far Rockaway, NY 11693

Horário
(Time)

Local
(Location)

2pm-4pm
Beach 41st Community Center
426 Beach 40th St
Far Rockaway, NY 11691

One per person
Giveaway is of backpacks only, no contents.
Picture is for illustration purposes only.

NEW YORK CITY HOUSING AUTHORITY

kars4kids.org

Contato
(Contact details)

Available at: <www.kars4kids.org/blog/back-to-school-backpacks-galore/>. Accessed on May 17, 2014.

Imagem
(Image)

Flyer

WHILE THE VIDEO IS PLAYING

1 Ordene as frases a seguir de acordo com o que acontece no início do vídeo.

- [ ] The guitarist gets angry because they had agreed to disconnect their cell phones.
- [ ] While he's talking on his cell phone, the bass player complains that they haven't managed to have a concert yet.
- [ ] Some young people in a rock band are rehearsing.
- [ ] Everyone cheers because they have been invited to play at a rock festival.
- [ ] After interrupting the rehearsal, they realize the cell phone that had rung belonged to the guitarist himself.
- [ ] As the call ends, the guitarist shares the good news with his friends.
- [ ] A cell phone rings and interrupts the rehearsal.

2 Relacione cada personagem com a sua respectiva função na banda.

A	Bass player
B	Lead singer
C	Drummer
D	Guitarist

Flyer

3 Responda às perguntas.

a Which of the young people in the band is the most pessimistic?

_____

b Why did they get invited to play at a festival?

_____

c Who suggests creating a flyer?

_____

d Why did they want to create a flyer?

_____

4 Assinale as opções que completam as frases.

a The size of the flyer they were going to create was…
- [ ] 10 cm × 15 cm.
- [ ] 15 cm × 20 cm.
- [ ] 25 cm × 30 cm.

b They thought they'd print…
- [ ] fifty copies.
- [ ] one hundred and fifty copies.
- [ ] two hundred copies.

c The only information they did not include in the flyer was…
- [ ] the time.
- [ ] the location.
- [ ] the price of the tickets.

d They decided to distribute flyers…
- [ ] by throwing them from a helicopter.
- [ ] by handing them out to people.
- [ ] by throwing them from the top of a building.

Flyer

5 Observe o folheto criado pela banda e escreva o nome dos elementos que o compõem ao lado das flechas.

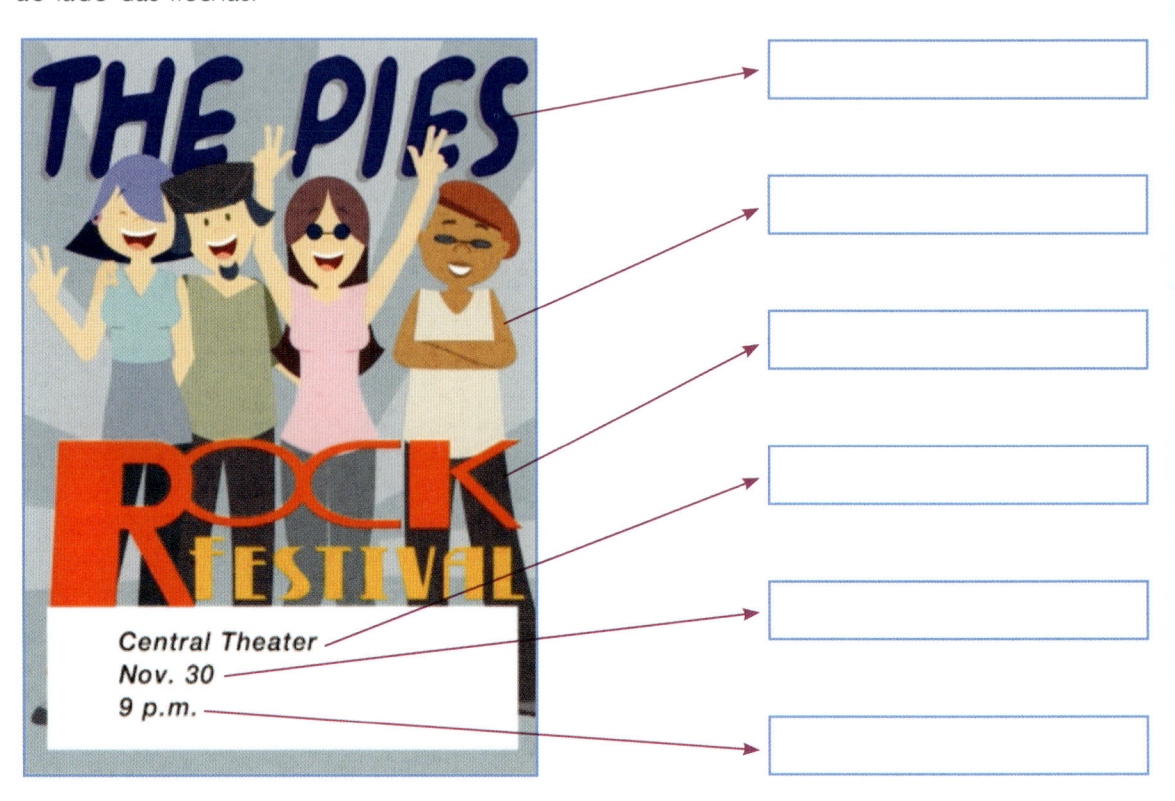

6 Ouça o diálogo final dos integrantes da banda antes do início da apresentação no festival e preencha as lacunas.

Guitarist:	Guys, we did what we could. We _____ really hard and now it's time to have some _____ ! Let's give a _____ concert!
Drummer:	Do you think that our _____ worked?
Lead singer:	I don't want to _____ about it now.
Bass player:	I think I'll turn my _____ to the _____ not to see the _____ of the theater.
Guitarist:	Oh my _____ !
Lead singer:	WOW!
Bass player:	What are we _____ to do now?
Drummer:	Now we'll _____ and do our _____ .
Lead singer:	Yeah!

Flyer

AFTER THE VIDEO

1 Leia o folheto e responda às perguntas.

   a What does the flyer inform us about?

   _____

   _____

   b Who is the target audience of the flyer?

   _____

   _____

   c According to the flyer, who should get vaccinated?

   _____

   _____

   d How often should you get vaccinated and how much does it cost?

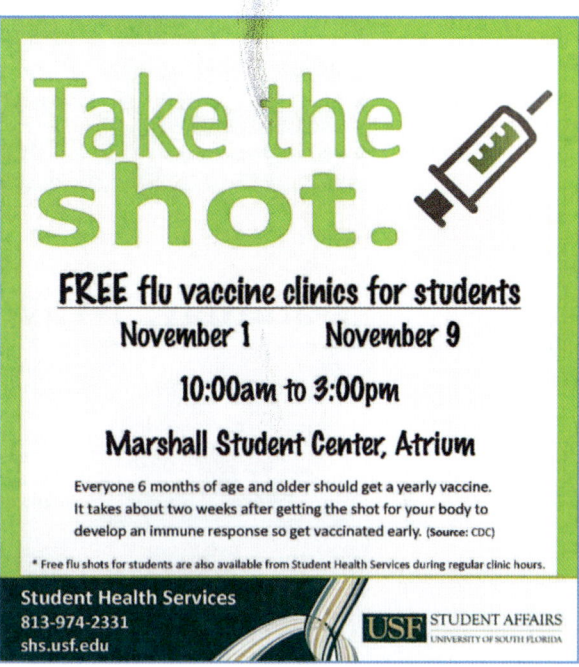

   _____

   _____

   e Who is promoting the campaign?

_____

_____

Take the shot.

FREE flu vaccine clinics for students
November 1   November 9
10:00am to 3:00pm
Marshall Student Center, Atrium

Everyone 6 months of age and older should get a yearly vaccine. It takes about two weeks after getting the shot for your body to develop an immune response so get vaccinated early. (Source: CDC)

* Free flu shots for students are also available from Student Health Services during regular clinic hours.

Student Health Services
813-974-2331
shs.usf.edu

USF STUDENT AFFAIRS
UNIVERSITY OF SOUTH FLORIDA

Available at: <www.ctr.usf.edu/noteabull/e-newsletter/templates/default/defaultLong.aspx?issueID=265>. Accessed on May 17, 2014.

2 Marque o que devemos considerar ao elaborar e divulgar um folheto.

   a ☐ Find a place with great movement of people to exhibit or hand out the flyer.
   b ☐ Write a long text so that people will read it carefully.
   c ☐ Include contact details so the reader can ask for more information.
   d ☐ Insert large images that will make it difficult to read the text.
   e ☐ Write a clear and factual text.
   f ☐ Insert an image that directly relates to the information in the flyer.
   g ☐ Print the text in light colors that do not attract too much attention.
   h ☐ Never share contact details in order to appeal to the readers' curiosity.
   i ☐ Use large fonts and bright colors to facilitate seeing and reading the flyer.

Flyer

3 Complete as frases com informações do folheto.

Available at: <http://shopjettonvillage.com/images/2011%20Spring%20Event%20flyer.jpg>. Accessed on June 22, 2014.

a This flyer promotes a _____.
b This event is _____.
c This event will provide entertainment for the whole _____.
d It will take place on _____, _____ 7th.
e The flyer requests that participants donate a _____ item.
f There will be _____ and _____ to eat.
g There will be two activities involving animals at the event: _____ and a _____.

Flyer

4 Observe os elementos destacados do folheto da atividade anterior e escreva o que cada um deles indica.

a **Family Fun!** ___ ___ ___ ___ ___   ___ ___ ___ ___ ___ ___

b **AT THE GAZEBO** ___ ___ ___ ___ ___ ___ ___

c **2011 Spring Festival** ___ ___ ___ ___ ___ ___ ___

d **Saturday, May 7th** ___ ___ ___ ___

e **12noon-3pm** ___ ___ ___ ___

f [logos] ___ ___ ___ ___ ___ ___ ___ ___

Beyond the text

Imagine que, no colégio onde você estuda ou no bairro onde você mora, decidiu-se organizar uma festa junina para confraternização da comunidade e para ajudar as famílias carentes da região. Os estudantes ficaram encarregados da divulgação e pensaram em elaborar um folheto a ser distribuído nos principais estabelecimentos comerciais das redondezas, que poderão, inclusive, patrocinar o evento. Pense como elaborar esse folheto e considere as seguintes informações:

- Título que informe de maneira resumida as características do evento.
- Local e data em que será realizado.
- Horário de realização.
- Valor da entrada, caso seja cobrada.
- Destaque para as principais barracas típicas e atrações da festa.
- Nome da comunidade a ser beneficiada.
- *E-mail* de contato do organizador do evento ou do responsável pela divulgação.
- Imagem relacionada ao tema do evento.
- Nome ou logo dos patrocinadores, caso haja.

Para consultar alguns modelos de fundo para seu folheto, visite a página <http://office.microsoft.com/pt-br/templates/results.aspx?qu=folheto&ex=1>, acessada em 17 de maio de 2014, e, se quiser, use-os como base para criação do seu folheto.

Comic book

BEFORE THE VIDEO

O QUE É?

A história em quadrinhos é uma narrativa desenvolvida em quadros, que utiliza a linguagem verbal (por meio de balões de fala, legendas e onomatopeias) e a linguagem não verbal (representada por ilustrações), e adota um estilo informal. Em geral, apresenta um protagonista e alguns personagens secundários, todos fundamentais para o enredo da história contada ao longo dos quadrinhos. O objetivo desse gênero textual é entreter e divertir o leitor, mas também há histórias em quadrinhos que estimulam a reflexão do leitor sobre determinado assunto.

EM QUE MEIO É DIVULGADA?

É um gênero que pode ser divulgado em diferentes veículos de comunicação, como gibis, jornais, revistas, livros, *sites* e blogues.

COMO SE ESTRUTURA?

A história em quadrinhos estrutura-se, em geral, com base nos seguintes elementos:

Quadros (*Frames*): dividem a apresentação de cada cena da história.

Personagens (*Characters*): são representados por ilustrações.

Balões (*Bubbles*): indicam, por meio de diferentes formatos, falas, pensamentos, gritos, entre outras expressões dos personagens.

Onomatopeia (*Onomatopoeia*): termo que busca imitar sons produzidos pelos personagens, por objetos, por ações etc.

Assinatura do cartunista (*Cartoonist's signature*): nome ou apelido do autor da história.

Quadros
(Frames)

Onomatopeia
(Onomatopoeia)

Balão de pensamento
(Thought bubble)

Garfield, Jim Davis © 2014 Paws, Inc. All Rights Reserved/Dist. Universal Uclick

Personagem principal
(Main character)

Personagem secundário
(Secondary character)

Assinatura do cartunista
(Cartoonist's signature)

59

Comic book

WHILE THE VIDEO IS PLAYING

1 Observe a cena e assinale a única alternativa falsa.

- **a** ☐ The older brother gets scared.
- **b** ☐ The boys fight because they want to see different programs on TV.
- **c** ☐ The boy complains that it is difficult to create a comic book.
- **d** ☐ The boy throws a notebook on the floor.

2 Ordene as cenas e relacione cada uma delas com a respectiva frase explicativa.

- **a** ☐ The older brother picks up the notebook from the floor and reads the comic the boy has written.
- **b** ☐ The older brother asks the boy what is bothering him.
- **c** ☐ The older brother sits by the boy's side to help him write a comic book.

Comic book

3 Complete as frases sobre o vídeo com as palavras do quadro.

| fit | frames | page |
| pages | plot (2x) | summarizes |

a The boy explains to his brother that the story doesn't _____ on the _____.

b The older brother realizes that the problem is the boy hasn't even created a _____ for the story.

c A _____ is a paragraph that _____ the story.

d The older brother also explains that it is necessary to write a script to decide how many _____ and _____ the comic will have.

4 Observe as imagens e classifique as informações em verdadeiras (*True – T*) ou falsas (*False – F*).

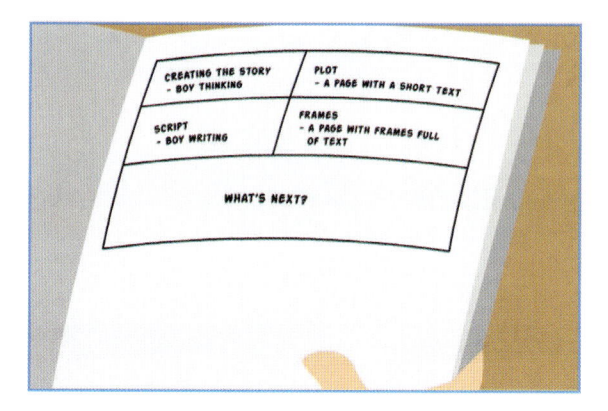

a ☐ The boy only knows how to organize the story after his brother's explanation.
b ☐ The older brother explains to the boy how to write the comic book.
c ☐ The boy decides to narrate the steps he followed to write his comic book.
d ☐ In the end the boy will draw himself drawing.
e ☐ The boy said his brother would be a character in his comic book.
f ☐ The older brother congratulates the boy because he understood his explanation.

Comic book

5 Assinale as partes da casa que aparecem no vídeo.

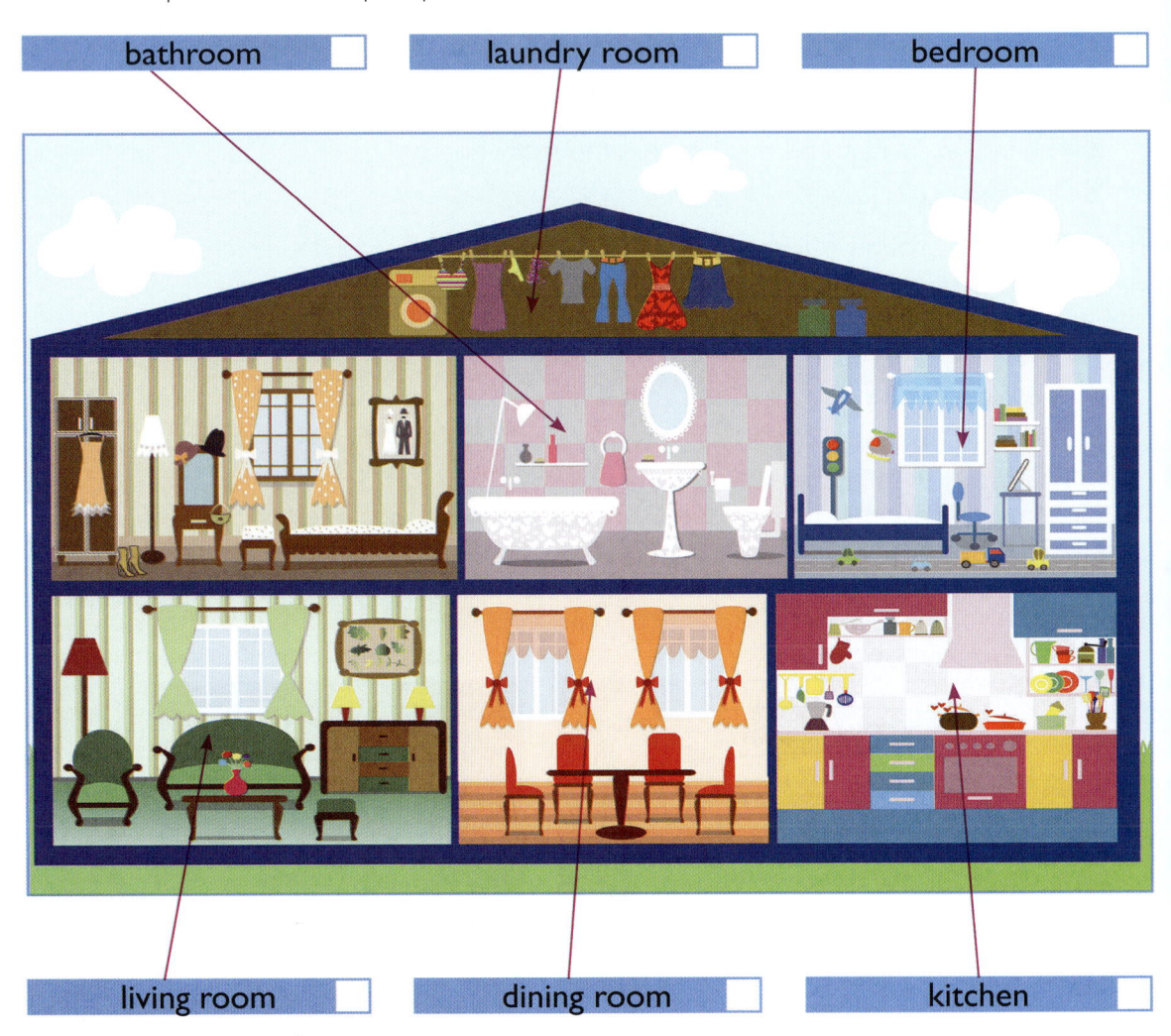

bathroom ☐   laundry room ☐   bedroom ☐

living room ☐   dining room ☐   kitchen ☐

6 Responda às perguntas.

  a What does the boy want to know after his brother explains how to write a comic book?

  _____

  b According to the boy, what three things does his brother like?

  _____

  c What's the older brother's secret?

  _____

Comic book

AFTER THE VIDEO

1 Leia o quadrinho a seguir e responda às questões.

Garfield, Jim Davis © 2014 Paws, Inc. All Rights Reserved/Dist. Universal Uclick

a Is the text in the first two frames a speech or a thought bubble? How do you know?

_____

_____

b Why do you think the cartoonist used this particular type of bubble?

_____

_____

c Are there any onomatopoeias in the story? If so, which and what do they mean?

_____

_____

Comic book

2 Leia as dicas e complete a cruzadinha com nomes de elementos presentes nas histórias em quadrinhos.

   a Summary that defines the text and the number of frames and pages.
   b Each scene of a story.
   c There is always a main one and there might be several secondary ones.
   d Where the text is written.
   e Conveys the story through nonverbal language.

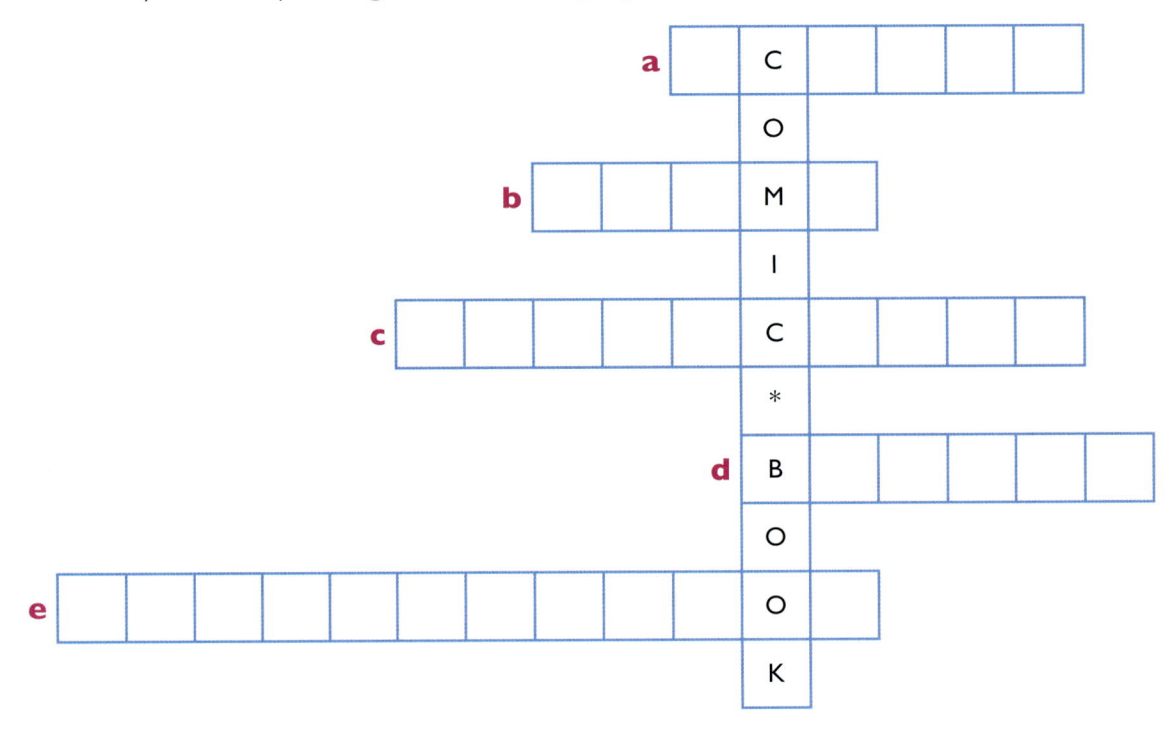

   a _ C _ _ _ _
       O
   b _ _ _ M _
       I
   c _ _ _ _ _ C _ _ _ _ _
       *
   d B _ _ _ _ _
       O
   e _ _ _ _ _ _ _ _ _ O _
       K

3 Relacione os textos aos respectivos sentidos que os balões transmitem em uma história em quadrinhos.

   a A character talking from far away.
   b Several characters talking at the same time.
   c It's cold.
   d A scream.
   e A thought.
   f A whisper.

Comic book

4 Observe as onomatopeias a seguir e escreva o(s) som(ns) que cada uma pretende imitar.

A. _____

B. _____

C. _____

D. _____

Beyond the text

Pense em alguma história divertida que você tenha vivenciado ou visto. Elabore um roteiro considerando os itens abaixo e crie uma história em quadrinhos fazendo suas próprias ilustrações ou utilizando ideias de algum(ns) dos *sites* sugeridos.

- Quais são os personagens da história?
- Onde se passa a história?
- Quais serão as falas de cada personagem?
- Quantos quadrinhos serão necessários?
- Que tipo de balões serão usados?
- Será preciso usar onomatopeias? Quais?

Sugestões de *sites* para criar histórias em quadrinhos (acessados em 17 maio 2014):
<www.pixton.com/br/>;
<http://mundogloob.globo.com/programas/contos-de-mila/jogos/crie-sua-historia-em-quadrinhos.html>;
<http://criancas.uol.com.br/atividades/crie-sua-hq.jhtm>;
<http://toondoo.com/>;
<http://makebeliefscomix.com/Comix/>;
<http://meugibi.com/help.php>.

Invitations

BEFORE THE VIDEO

O QUE É?

O convite é o gênero textual cuja finalidade é pedir de maneira formal a presença ou a participação de alguém em determinado evento, ou seja, o envio de um convite indica que o realizador do evento espera o comparecimento dos convidados. Os convites podem abranger diversos eventos, desde os destinados à diversão, como festas de aniversário e de casamento, chás de cozinha, *shows*, até os relacionados ao meio acadêmico ou profissional, como conferências, palestras, reuniões, entre outros.

EM QUE MEIO É DIVULGADO?

Tradicionalmente, os convites são impressos em diferentes tipos e tamanhos de papel. O material, a forma das letras e as imagens utilizadas em sua confecção caracterizam o estilo do evento que será realizado. Com a ampla difusão da Internet, muitos convites deixaram de ser impressos e passaram a ser enviados por *e-mail* ou pelas redes sociais.

COMO SE ESTRUTURA?

O convite pode apresentar linguagem e estilo formal ou informal, de acordo com o evento e o público a que se destina. Entretanto, independentemente do grau de formalidade, nesse gênero textual são característicos os seguintes elementos:

Evento (*Event*): determina o tipo de evento; por exemplo, festa de aniversário ou de casamento, lançamento de livro, chá de bebê, conferência, entre outros.

Texto (*Text*): pode-se incluir um texto ou uma citação que descreva brevemente o evento.

Anfitrião (*Host*): indica quem (pessoa, empresa, entidade) faz o convite, ou seja, o anfitrião que receberá os convidados.

Data, hora e local (*Date, time, and venue*): oferece as informações sobre quando e onde ocorrerá o evento, necessárias para que o convidado possa comparecer.

Confirmação da presença (*Confirmation of attendance*): embora seja opcional, essa prática ajuda o anfitrião a organizar o evento de acordo com os convidados esperados;

Invitations

por isso, atualmente, é comum que os convites incluam um número de telefone ou e-mail para a confirmação de presença.

Imagem (*Image*): em geral os convites apresentam uma imagem (foto, ilustração, desenho, colagem etc.) relacionada ao evento a ser realizado.

Informações adicionais (*Additional information*): alguns convites oferecem informações extras, como mapa para acesso ao local do evento, indicação do tipo de roupa a ser usada, se haverá recepção após o evento, entre outras.

Veja, a seguir, um exemplo de convite:

Texto (*Text*)
Evento (*Event*)
Imagem (*Image*)

Do you believe in Fairies?

Brianna's made a birthday wish.
Please help it come true.
She wants to be a Fairy Princess
and celebrate turning 4 with you!

Brianna Solomon

March 30, 2008
1:00 PM to 3:30 PM

110 Meadow Lane, Lexington
Please RSVP to Kathy by March 25th
978-555-1212

Please wear a leotard for costume changing discretion.

Anfitrião (*Host*)
Data (*Date*)

Available at: <www.invitetown.info/fairy-birthday-party-invitation/>. Accessed on May 17, 2014.
*RSVP, do francês "répondez s'il vous plaît", cuja tradução é "Responda, por favor".

Confirmação da presença* (*Confirmation of attendance*)
Local (*Venue*)
Hora (*Time*)
Informações adicionais (*Additional information*)

Invitations

WHILE THE VIDEO IS PLAYING

1 Observe a cena inicial do vídeo e responda às perguntas.

   a What seems to be the problem for the blond girl?
   _____

   b What kind of event are they drafting an invitation for?
   _____

   c What other type of invitation does the African-American girl refer to?
   _____

   d How do the girls decide to word the beginning of the invitation?
   _____

2 Observe a imagem e complete-a com os elementos do convite que as meninas definiram.

Invitations

3 Complete as afirmações de acordo com o vídeo.

  a The party will take place at the _____.
  b The girls decided to hold the event at (time of day) _____.
  c The party will take place on a (day of the week) _____.
  d The only other information that remained to be included in the invitation was the _____.
  e The girls still hadn't decided how they are going to _____ the invitations.
  f The girls had to change the design of the invitation because they changed the _____ the party would start.

4 Ordene as palavras dos quadros e forme as duas frases com que a menina explica o gênero convite.

> first – party – contact – The – will – with – people – have – through – invitation. – the our – will – be

> party. – which – It's – invitation's – our – guests – the – design – what – expect – will – tell they – from – can – our

Invitations

5 Relacione as frases do vídeo com a personagem correspondente.

| A | B | C |

- **a** ☐ Creating an invitation is a lot of work!
- **b** ☐ We need to think about every little detail of the party!
- **c** ☐ No, it's not!
- **d** ☐ Great party!
- **e** ☐ Great atmosphere!
- **f** ☐ Yeah, and the invitation was actually a really important part of making all this happen!

6 Marque as alternativas falsas e corrija-as com base na cena final do vídeo.

- **a** ☐ There were white flower vases on the tables.
  _____

- **b** ☐ All three girls were sitting at a table talking.
  _____

- **c** ☐ The Asian girl is wearing a black dress.
  _____

- **d** ☐ The flowers in the vases on the tables are yellow.
  _____

- **e** ☐ The African-American girl is wearing an orange dress.
  _____

- **f** ☐ Some guests are sitting at the tables.
  _____

Invitations

AFTER THE VIDEO

I Relacione os temas com as imagens de fundo de cada convite abaixo:

a New Year
b Wedding
c Baby shower
d Birthday
e Christmas

Invitations

2 Complete as frases usadas em diferentes tipos de convite com as palavras do quadro a seguir.

| birthday | bring | egg hunt | graduate | honor | party |
| pillow | presence | proud | request | surprise | wedding |

a Mr. and Mrs. Collins are _____ to announce their son will _____ from the University of Missouri. Please join us for a celebration.

b The children and grandchildren _____ your _____ at Mr. and Mrs. Foster's reaffirmation of vows.

c Join Maria for a pajama _____ . Bring your _____ and sleeping bag.

d It's Easter time. You are invited to an _____ . Please _____ a dish to share. Sunday, at 4:00 p.m.

e Mr. and Mrs. James West request the _____ of your presence at the _____ of their daughter, Patricia West, to Charles Jones on Saturday, February 17th.

f Join us for a _____ 16th _____ party for Sharon Miller. Don't tell her 'cause she doesn't know.

3 Leia as dicas e procure no caça-palavras o nome dos elementos que compõem um convite.

a A _____ must be selected for every event.

b The day, month and year are the _____ of the event.

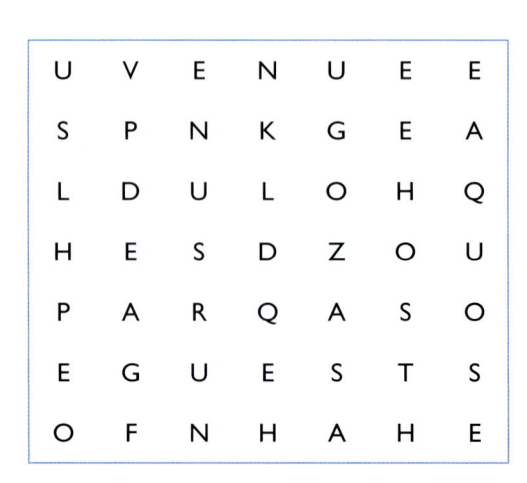

c The people who attend the event are the _____ .

d The person or organization responsible for the event is the _____ .

U	V	E	N	U	E	E
S	P	N	K	G	E	A
L	D	U	L	O	H	Q
H	E	S	D	Z	O	U
P	A	R	Q	A	S	O
E	G	U	E	S	T	S
O	F	N	H	A	H	E

Invitations

4 Leia o convite e responda às perguntas.

Available at: <www.uponatimedesigns.com.au/>. Acessed on May 17, 2014.

a What type of event is the invitation for? _____
b How does the image relate to the event? _____

Beyond the text

O aniversário de um(a) amigo(a) especial está chegando e você e outros colegas decidiram organizar uma festa surpresa para comemorar. Pense em um modelo de convite, para enviar às pessoas que são importantes para esse(a) seu(sua) amigo(a). Ao elaborar esse convite, considere as indicações abaixo.

- Apresente o tipo de evento: festa surpresa.
- Informe a data, o horário e o local da festa.
- Solicite aos convidados que confirmem a presença para que possam organizar a quantidade de comida e bebida e o espaço da festa; para tanto, informe o número de um telefone ou o *e-mail* para confirmação.
- Destaque que a festa é surpresa e, portanto, o(a) aniversariante não pode ficar sabendo do evento.
- Escolha uma imagem relacionada ao tema ou uma foto do(a) aniversariante.
- Decida como entregar o convite: pessoalmente, por correio ou por meio digital.

Para ter ideias de imagens que você pode utilizar no convite, acesse os *links*:
<http://br.freepik.com/index.php?goto=2&searchform=1&k=birthday>, acessado em 19 maio 2014.
<http://all-free-download.com/free-vector/birthday-invitation-background_page_2.html>, acessado em 19 maio 2014.

Lists

BEFORE THE VIDEO

O QUE É?

A lista é um gênero textual muito presente no dia a dia, cuja principal finalidade é facilitar o acesso a informações ao apresentar os elementos que a compõem. Estes, por sua vez, são organizados a partir de determinada ordem, por exemplo, alfabética ou aleatória, por prioridade, por grupos, entre outras. A ordem varia de acordo com o propósito da lista: por exemplo, listas de telefone comumente seguem a ordem alfabética; listas de supermercado, em geral, apresentam ordem aleatória, de acordo com o que falta na despensa; listas de convidados costumam ser organizadas por grupos: de amigos pessoais ou de trabalho, de familiares, de vizinhos etc.

EM QUE MEIO É DIVULGADA?

As listas podem estar destinadas ao uso particular ou profissional, e são divulgadas a grupos específicos de pessoas. Por isso, podem ser feitas em cadernos ou blocos de anotação e até em arquivos e planilhas digitais. Alguns tipos de lista, como as de aprovação em concursos públicos ou vestibulares, também são divulgadas em meios de comunicação, como jornais, revistas ou *sites*.

COMO SE ESTRUTURA?

A lista costuma apresentar os seguintes elementos:

Título (*Title*): identifica o objetivo da lista.

Itens listados (*Listed items*): podem ser organizados por números cardinais ou ordinais, assim como por marcadores, ou apresentados um abaixo do outro, de acordo com a ordem escolhida (alfabética, de prioridade, por grupos, aleatória etc.).

Informações adicionais sobre os itens listados (*Additional information about the items listed*): acrescentam informações aos itens da lista. Por exemplo, em uma lista telefônica pessoal, pode-se indicar o nome dos contatos, o número de telefone residencial, o de telefone celular, o *e-mail* e a data de aniversário.

Veja um exemplo de lista a seguir.

Título
(Title)

Itens listados
(Listed items)

LAGOS STATE GOVERNMENT
EMERGENCY/VITAL TELEPHONE NUMBERS

Agency	Phone
Distress Call	767, 112
Ambulance Service (LASAMBUS/LASEMS)	08022887777, 08022883678, 08022887788, 01-7413744, 01-7930490, 01-7639939
Distressed/Collapsed Building (LASPPDA)	01-5931947, 4933658, 4931940, 7630854
Emergency Management (LASEMA)	08060907333, 08023127654, 08022234870, 01-6574706, 01-6574714
Environmental Monitoring	08033183477, 08043705057, 08023036632
Flooding/Blocked Drainage (EFAG)	08056145481, 08023298197, 08096019599, 08056145484, 08055988566
Health Facilities Regulation (HEFAMA)	08033229049, 08023149120
Radio Lagos/EKO FM (News Alert)	017267611
Lagos Television (News Alert)	01-496728
Open Corpse (SEHMU)	08034279776, 08033602259, 08023356540, 08030789190
Office of Public Defender (Public Complaints)	01-8975571, 7926928
Citizens Mediation Centre	08023128837, 07055003863
Rapid Response Squad (RRS)	08056250710, 08033482380, 08023127350, 08033355544, 01-7750715, 01-4970389, 01-4970062, 01-4931261, 01-4920388
Traffic Control (LASTMA)	08075005411, 08023111742, 08077551000
BRT	08023146096
LAGBUS	08033036816
Pothole / Collapsed Road	07060907493
Broken Pipe / Water Leakage	08034068265
Cutting of Roads (LASIMRA)	08033060452
Environmental / Noise Pollution (LASEPA)	07027951351
Signage / Outdoor Advertising (LASAA)	01-8996502-9, 01-8251398
Security Trust Fund	08028328204
Fire / Safety Services	08033234973, 08023321770
Tax Issues (LIRS)	08033033121, 08033047270, 01-4979030-4
Vehicle Registration / Drivers License (MVAA)	08029293099
Land Issues	08034030263
Refuse Issues (LAWMA)	5577 (Toll Free), 07080601020, 08023128099
Environmental & Special Offences Task Force	**07055028673, 08033183477**
Fake Drugs/Narcotics (Task Force)	**08033213799, 08034975296**
(NAFDAC)	01-4528031, 01-4731018
(NDLEA)	0803347868
Nigeria Police	08033011052, 08056250710, 08033183477

Signed
Hon. Commissioner for Information and Strategy

Available at: <http://newsofafrica.org/1727.html>. Accessed on May 17, 2014.

Lists

WHILE THE VIDEO IS PLAYING

1 Observe os personagens do vídeo e escreva o nome de cada um deles.

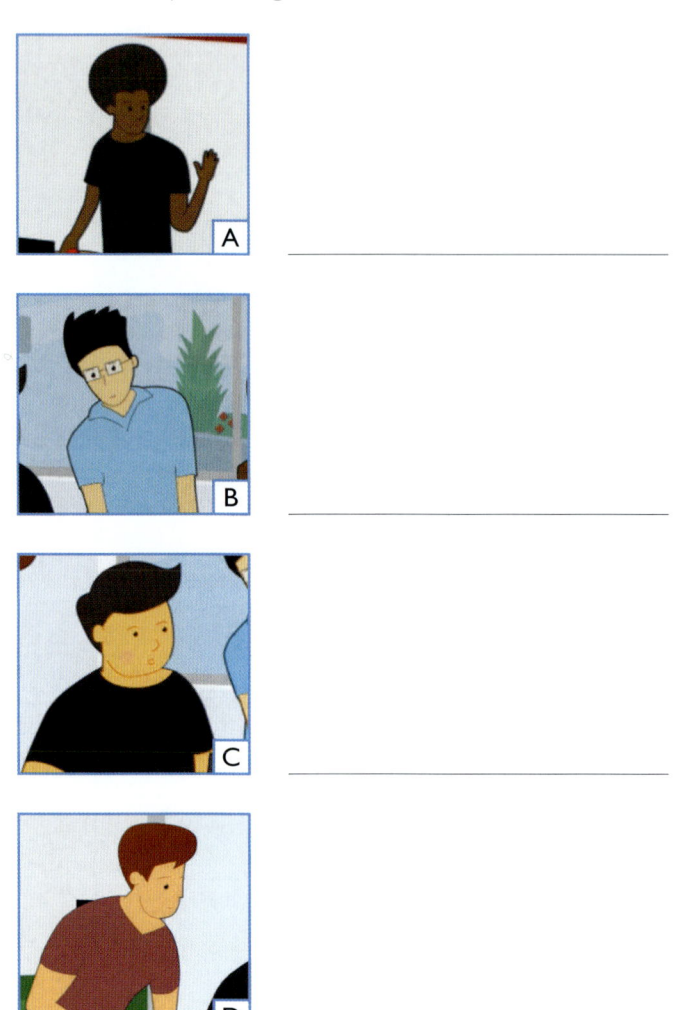

A _____

B _____

C _____

D _____

2 Assinale verdadeiro (*True* – *T*) ou falso (*False* – *F*).
- **a** ☐ Tom and Mark are preparing a barbecue.
- **b** ☐ They are in a park
- **c** ☐ Tom is in charge of the drinks.
- **d** ☐ The first one to arrive is Ralph.
- **e** ☐ Paul thinks it's odd that nobody has arrived yet.
- **f** ☐ All the boys are wearing T-shirts and shorts.
- **g** ☐ It's a very nice sunny Saturday.

Lists

3 Relacione as frases do vídeo com o personagem correspondente indicando a letra inicial de seus nomes.

| Mark | Paul | Ralph | Tom |

- **a** ☐ People are coming, don't worry.
- **b** ☐ Just the two of you?
- **c** ☐ How could you do that?
- **d** ☐ Great for a barbecue!
- **e** ☐ Look there! It's Ralph.
- **f** ☐ It might be the girls!

4 Responda às perguntas.

a What are the boys doing?

_____

_____

b What goes wrong?

_____

_____

c Whose fault is it?

_____

_____

d Who gives the boys a solution to this sort of problem? Which solution is that?

_____

_____

e How does Tom show that Paul's complaint makes him angry?

_____

_____

Lists

5 Complete o diálogo dos jovens sobre como fazer uma lista.

Paul: I told you to make a _____ list, a list of _____ we'd need for the barbecue, and a _____ list…

Ralph: I think we'd better _____ _____ _____!

Tom: Could you explain to us again what we _____ _____?

Paul: _____, we have to think about the _____, then about the _____ and _____, and, _____, what each of us is going to do _____ _____ _____ prepare the barbecue.

Mark: Got it, Tom? That's why we _____ _____ _____ lists!

Tom: I got it… I guess we'll _____ _____ _____ this for our next barbecue!

6 Observe a imagem a seguir e escreva os itens que faltam na lista com base no vídeo.

Barbecue
a._____ list:
b._____
Boys
Shopping list:
Food
Drink
c._____
d._____

7 Complete a fala de Tom com a solução que ele encontrou para o problema que causou.

_____ _____, since it's going to be _____ _____ _____ of us… what about _____ _____ _____?

Lists

AFTER THE VIDEO

1 Leia a seguinte lista e responda às perguntas.

a What's this list of?

b How are the movies organized on this list?

c If we ordered the movies according to the total number of mentions on social networks, which would be the first and the last on the list?

d What additional information does "Opening weekend" provide?

e What does "Share of voice during nomination announcement" show?

Available at: <http://simplymeasured.com/blog/2014/01/11/goldenglobes/>. Accessed on May 17, 2014.

Lists

2 Leia o texto a seguir e organize uma lista com os presentes que cada pessoa irá receber.

Daniel: What are you going to buy for the children?

Mary: Andrew said he would like a new video game. We could buy it on the Internet at a reasonable price. And Anne wants a new surfboard.

Daniel: I don't know what to buy for my parents. Any ideas?

Mary: I saw a bracelet at the shopping mall yesterday. It's a bit expensive, but I think your mom would like it.

Daniel: A bracelet for my mom. That's a good idea.

Mary: How about a new tie for your father?

Daniel: Yes, he'll like that very much.

Mary: I'll also give my father a tie and I'll buy a book for my mom. She loves novels.

Daniel: And we could get your aunt Laura and your uncle George a box of chocolates each.

Mary: Excellent. I'll buy everything tomorrow so we can avoid buying the gifts close to Christmas, when all the shopping malls are crowded.

Person	Present

Lists

3 Observe as listas a seguir e identifique o critério usado para ordenar os itens.

To-do List	
Manicure	08:00
Doctor	14:30
Go to the bank	15:00
Pick brother up at school	18:30

A

Bills	
Cable TV	US$ 45.30
Electricity	US$ 115.00
Gas	US$ 85.90
Water	US$ 50.00

B

Birthdays	
Charles	02/15
Mother	04/07
Cousin John	04/30
Aunt Lucy	10/16

C

Beyond the text

Agora é sua vez de organizar uma lista e aprender mais sobre esse gênero. Pense em dez objetivos ou sonhos que deseja realizar a curto, médio e longo prazo até 2030. Escolha a maneira de organizar os itens que pensou e monte uma lista. Seus objetivos e sonhos podem ser organizados por grau de dificuldade ou de facilidade, por ordem alfabética, pela prioridade, entre outros aspectos. Daqui a alguns anos, você poderá verificar quais desses objetivos e sonhos foram realizados, de quais desistiu, quais estão próximos a se realizar etc.

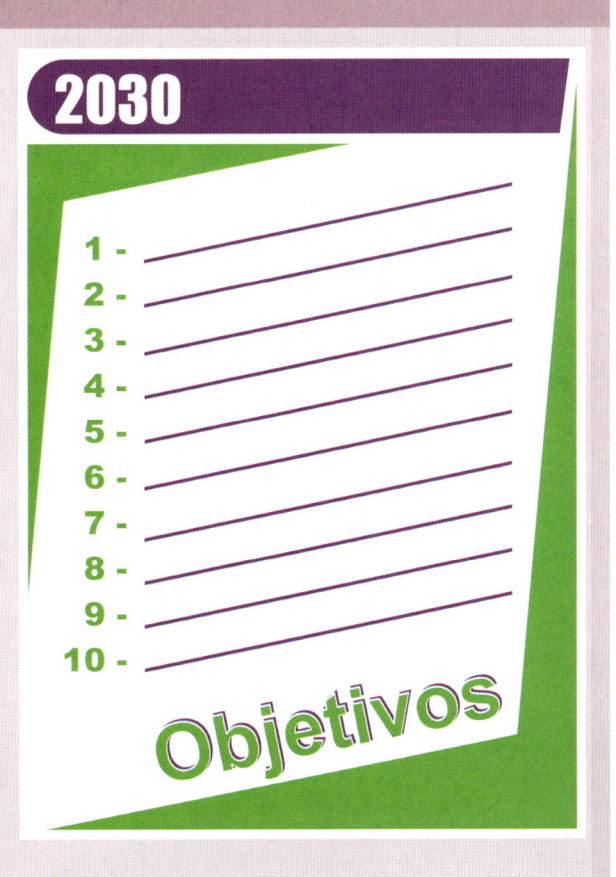

2030

1 -
2 -
3 -
4 -
5 -
6 -
7 -
8 -
9 -
10 -

Objetivos

Instruction manual

BEFORE THE VIDEO

O QUE É?

O manual de instruções é um gênero textual que tem a finalidade de descrever um produto e seu funcionamento, assim como informar o usuário sobre os procedimentos para sua instalação e utilização. Esse gênero circula em diversos segmentos da sociedade, pois, além das funções apontadas anteriormente, é elaborado para atender ao previsto nos termos do Artigo 50 do Código de Defesa do Consumidor[1], no qual se determina que o fabricante deve fornecer ao comprador o manual de instruções, de instalação e de uso do produto em linguagem didática e com ilustrações. Por isso, a linguagem que utiliza deve ser clara e objetiva, em geral com verbos no presente do indicativo e em terceira pessoa do singular, para descrever os produtos, ou no imperativo, para dar ordens, comandos e instruções. Também é frequente que os manuais de instruções sejam escritos em mais de um idioma, pois muitos produtos são importados ou exportados.

EM QUE MEIO É DIVULGADO?

Em geral, os manuais de instruções são apresentados em forma de livretos ou *folders*, os quais acompanham os produtos nas respectivas caixas. Muitas empresas também fornecem os manuais dos produtos que fabricam em seus *sites*, para facilitar o acesso dos compradores.

COMO SE ESTRUTURA?

Não há uma norma rígida para a elaboração de um manual de instruções, porém é recomendável que esse gênero textual apresente alguns dos seguintes itens em sua estrutura.

Capa (*Cover*): especifica a marca e o modelo do produto.

Índice (*Index*): relaciona ordenadamente o conteúdo do manual, a fim de facilitar a busca por parte do comprador.

Introdução (*Introduction*): explica, por meio de um texto breve, como utilizar o manual, apresentando o produto e suas principais características.

Títulos e subtítulos (*Titles and subtitles*): indicam cada novo tópico que se expõe.

Imagens e ilustrações (*Images and illustrations*): empregam a linguagem não verbal para facilitar a compreensão do leitor.

Contato (*Contact*): apresenta telefone, *site* e *e-mail* do fabricante, caso o comprador precise entrar em contato. Esses dados, geralmente, são indicados no final do manual.

Veja um exemplo de manual de instruções a seguir.

---

[1] O Código de Defesa do Consumidor está disponível em <www.procon.sp.gov.br/categoria.asp?id=292>, acessado em 30 maio 2014.

Capa
(*Cover*)

Imagens e ilustrações
(*Images and illustrations*)

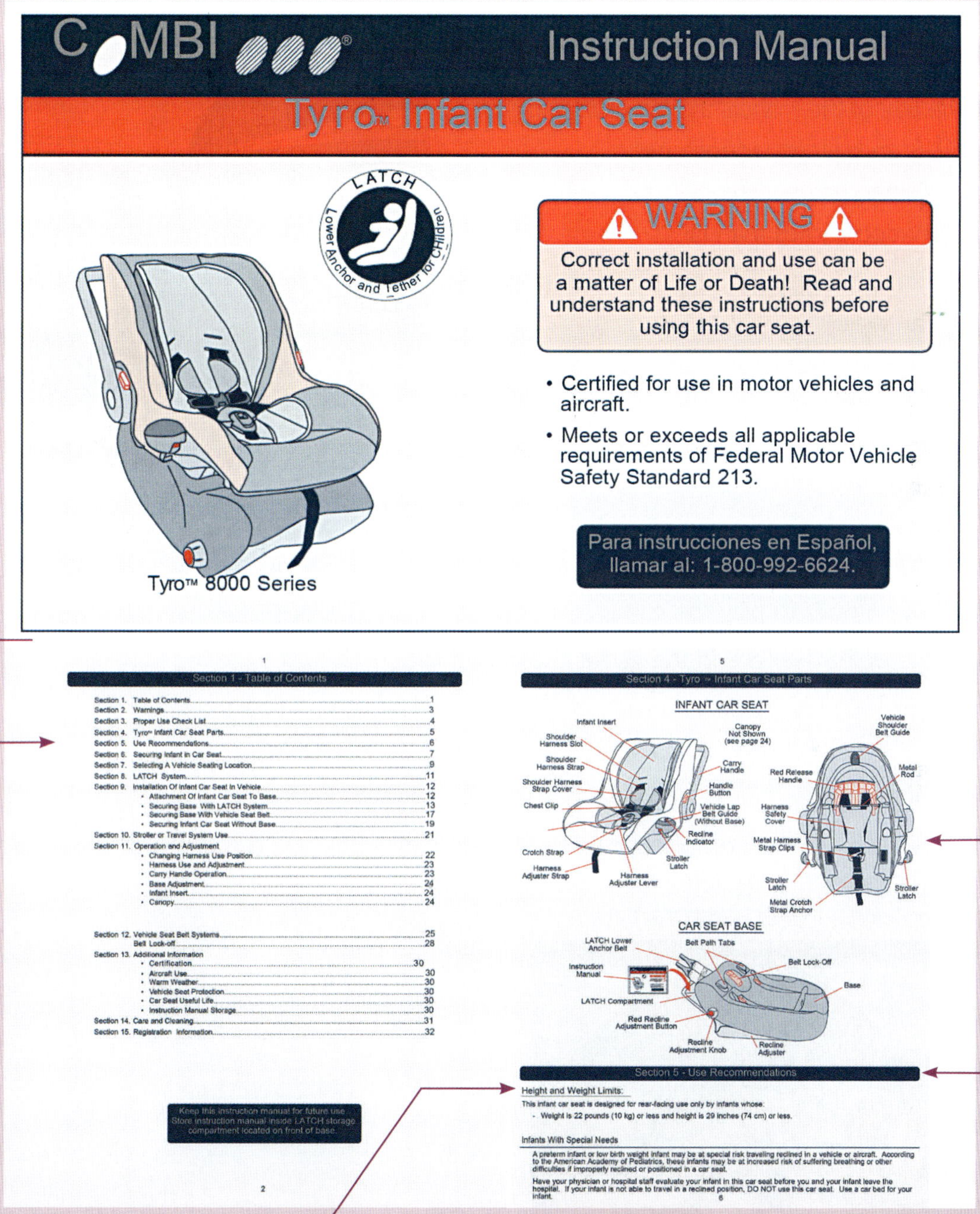

Available at: <http://babycare.manualsonline.com/manuals/mfg/combi/car_seat.html?p=1>. Accessed on April 17, 2014

Índice
(*Index*)

Subtítulo
(*Subtitle*)

Título
(*Title*)

Instruction manual

WHILE THE VIDEO IS PLAYING

1 Observe a imagem inicial do vídeo e assinale a resposta correta para completar as frases.

   a The title of the manual the boy is reading is…
- [ ] Step-by-step videogames.
- [ ] Video game instructions.
- [ ] Video games manual.

   b The image on the cover of the manual is…
- [ ] an ogre.
- [ ] a warrior.
- [ ] a dragon.

   c The boy is reading the instructions manual in order to…
- [ ] play with his friends.
- [ ] help his friends to win the game.
- [ ] learn how to play the game.

   d At the point they are in the game, they need to…
- [ ] kill the dragon.
- [ ] take the ogre down.
- [ ] help the ogre catch the dragon.

2 Observe a imagem e complete o texto com as instruções que o menino dá a suas amigas nesse momento do jogo.

Fred: _____ there, _____ the Dragon! The Dragon is not the main character in this level. _____ your lives; you're going to need them later.

Fred: _____ the Ogre down! _____ the Dragon!

Fred: _____ to your _____ and _____ that rock. And then… _____ the Ogre!

Instruction manual

3 Observe a cena e assinale verdadeiro (*True* – T) ou falso (*False* – F), de acordo com o vídeo.

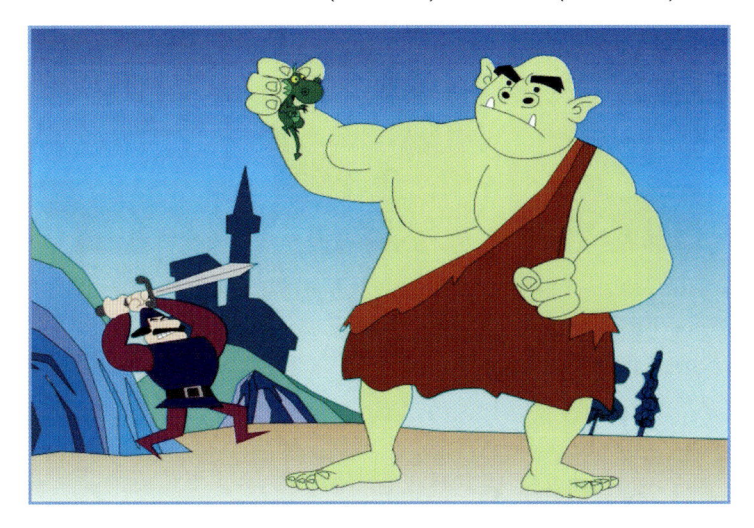

- **a** ☐ The players manage to get the Warrior to hit the Dragon.
- **b** ☐ Fred gives his friends the correct instructions so that they can hit the Ogre.
- **c** ☐ The girls get the instructions mixed up and the Ogre ends up catching the Warrior.
- **d** ☐ After the Warrior hits him, the Ogre releases the Dragon.
- **e** ☐ The Ogre kills the Dragon and the Warrior.
- **f** ☐ The Warrior hits the Ogre's back.

4 Ordene as palavras e escreva a mensagem dada pelo dragão no final do jogo.

| saved | run | yours! | Thank you, | warriors. | brave |
| my | Now | life. | save | to | have | You |

Instruction manual

5 Relacione as frases do vídeo com os personagens correspondentes.

| A | B | C | D | E |

a ☐ Oh, no! Fred, what should I do? I'm losing!
b ☐ Oh, no! What am I going to do?
c ☐ And now? What do I do? What do I do? Read the instructions!
d ☐ Now run to that corner and hide behind the Dragon!
e ☐ I'll have these two warriors as dessert!

6 Observe as cenas do final do vídeo e complete a descrição de cada uma delas com as palavras do quadro.

| angry | away | CDs | Fred | girl | help | how | magazine |
| mess | mom | put | sure | thanks | told | won | won | wouldn't |

A
The _____ asks her friends to give her the _____ so she can _____ them _____.
If her _____ sees the _____ they've made, she'll get _____ at her.

B
The boy is _____ that his friends won the game only _____ to his _____ and he tells them: "You _____ have _____ if I hadn't _____ you _____ to do it!"

C
The girl tells _____ that it wasn't because of him that they _____ … It was because of the _____!

86

Instruction manual

AFTER THE VIDEO

1 Leia o fragmento de um manual de instruções e responda às perguntas.

   a Who is the target reader of this manual?

   b Which information is presented in this excerpt of the manual?

   c What age group is this product appropriate for? Justify your answer.

TALKING Gooey Louie GAME

For 2 to 4 players
Ages 6 and up

Pull The Gooeys Out Of Louie & Win!

Object:
Be the last player left after all the other players have picked the wrong gooey!

Contents:
Gooey Louie, gooeys, brains, rubber band.

Set Up:
Carefully open the battery door and place 3 "AA" batteries inside the compartment in the direction shown there. Close the battery door.

Please note:
- Never mix old and new batteries, or mix different types of batteries (alkaline, rechargeable, standard).
- We recommend using alkaline batteries for this game.
- Do not dispose of batteries in fire. Batteries might explode or leak.
- When the game will be out of use for a while, remove the batteries before storing.

Take one of the longest gooeys and knot the rubber band around the wide end of the gooey as shown in drawing 1. Open the nose door and attach the end of the rubber band (with gooey) to the "trigger" as shown. Place all the other gooeys inside the nose area as well. Replace the door.

Open the top of Louie's head and place his brains inside, brain side up. Hold them down as you close the top down. Press Louie's eyes in the down position, close to his head.

Put the switch on the bottom of Louie in the "ON" position.

Drawing 1
Drawing 2

Available at: <http://catalog.pressmantoy.com/index.php/component/docman/doc_download/60-gooey-louie-rules->. Accessed on April 17, 2014.

---

   d Find examples of affirmative or negative verbs in the imperative for commands or instructions.

Instruction manual

2 Ordene as instruções para usar um aparelho de DVD, numerando as frases.

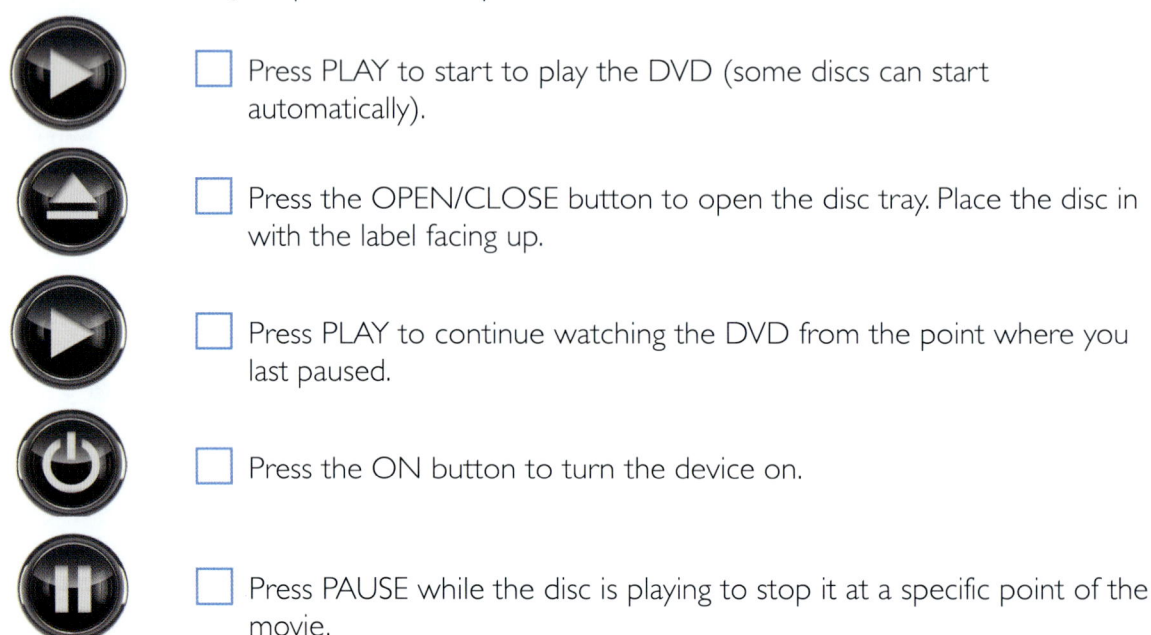

☐ Press PLAY to start to play the DVD (some discs can start automatically).

☐ Press the OPEN/CLOSE button to open the disc tray. Place the disc in with the label facing up.

☐ Press PLAY to continue watching the DVD from the point where you last paused.

☐ Press the ON button to turn the device on.

☐ Press PAUSE while the disc is playing to stop it at a specific point of the movie.

☐ Press the OPEN/CLOSE button again to close the tray.

3 Relacione as instruções de diferentes manuais às imagens dos produtos a que correspondem.
  a When the flame lights up, turn the button left or right to control the intensity.
  b Fasten the legs by tightening the screws in the holes highlighted.
  c Charge the battery before you use the device for the first time.
  d Never cover the grilled shelves with paper towels so as not to hinder air circulation.
  e Fit the cup onto the base and turn it clockwise.

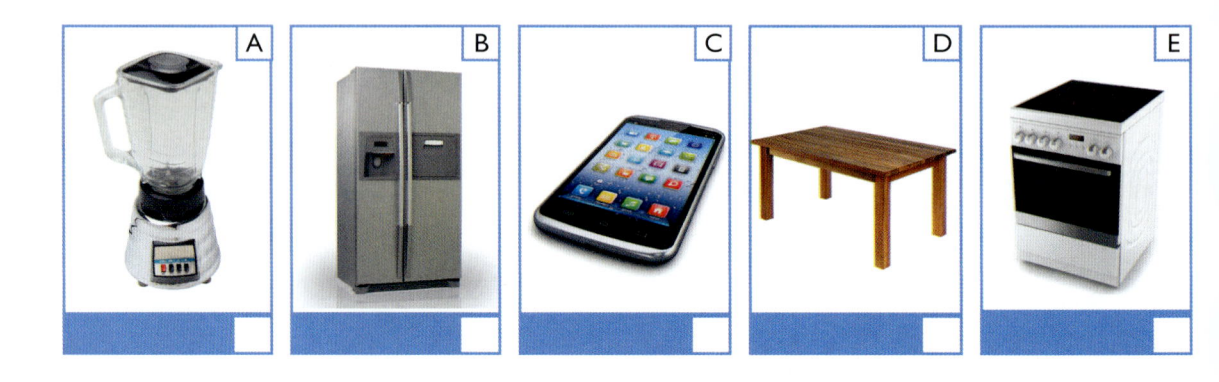

Instruction manual

4 Observe as imagens e complete as instruções do manual de um *tablet* com as expressões abaixo:

> close your fingers like pincers
>
> open your fingers like pincers
>
> press the desired spot on the screen with your finger
>
> slide your finger to either side

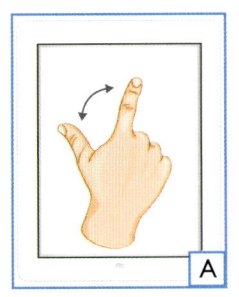

A. To make an image bigger, _____.

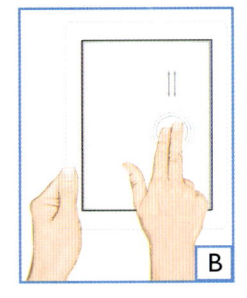

B. To copy a text or image, _____.

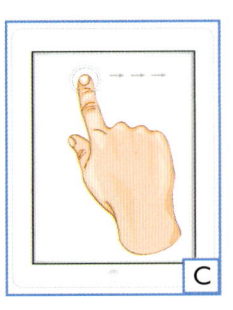

C. To change screens, _____.

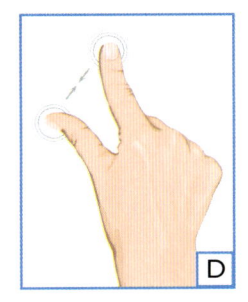

D. To make an image smaller, _____.

Beyond the text

Agora chegou a sua vez de desenvolver um manual de instruções e aprender um pouco mais sobre esse gênero. Imagine que você quer dar um *smartphone* a algum familiar ou amigo de mais idade, para aproximá-lo do universo digital. Porém, essa pessoa tem dificuldade em lidar com novas tecnologias. Pesquise em *sites*, revistas, jornais ou lojas de eletrônicos um aparelho que poderia atender às necessidades dessa pessoa e elabore um manual de instruções prático, didático e mais objetivo que os fornecidos pelas empresas. Utilize apenas o espaço de uma folha tamanho A4. Para isso, considere as seguintes sugestões:

- Defina os tópicos do manual, por exemplo: inserir a bateria, ligar o aparelho, carregar, fazer uma chamada, enviar uma mensagem, tirar uma foto etc.
- Coloque imagens dos principais botões que serão utilizados.
- Escolha um tamanho e uma fonte de letra que facilite a leitura, pois o leitor pode ter dificuldade para enxergar.

Menu

BEFORE THE VIDEO

O QUE É?

O cardápio é um gênero textual de caráter descritivo, elaborado com o objetivo de informar o consumidor sobre os tipos, os preços e as quantidades dos alimentos comercializados por determinado estabelecimento. Os cardápios podem ser utilizados em restaurantes, pizzarias, bares, lanchonetes e demais comércios da área alimentícia.

EM QUE MEIO É DIVULGADO?

O suporte mais comum para o gênero textual cardápio é o papel, normalmente impresso em gráficas, mas também é frequente encontrá-lo escrito em madeira, lousas ou materiais similares. Às vezes, o modo de veiculação é usado para dar pistas do que se serve em determinado estabelecimento; por exemplo, a utilização de materiais recicláveis ou naturais para a confecção do cardápio pode indicar que a especialidade do local é comida natural ou vegetariana. Atualmente, também são oferecidos cardápios digitais nos *sites* do setor alimentício, já que muitas pessoas pedem comida por telefone ou pela Internet.

COMO SE ESTRUTURA?

Geralmente, o cardápio apresenta o **nome do estabelecimento** (*establishment name*) e seu **logotipo** (*logo*) e é organizado em **seções** (*sections*), entre as quais as mais comuns são entradas, pratos principais, porções, saladas, bebidas e sobremesas. Além de incluir o nome dos alimentos de cada seção, os cardápios informam também o **preço** (*price*) de cada um. A essa estrutura básica é possível acrescentar outros elementos, como:

Descrição (*Description*)**:** descreve os principais ingredientes usados na preparação do alimento.

Imagens (*Images*)**:** fotos ou ilustrações dos principais itens do cardápio, dos mais pedidos ou daqueles a que o estabelecimento queira dar mais destaque.

Tamanho da porção (*Portion size*)**:** dado extra que pode ser incluído de diferentes maneiras: pelo tamanho (pequeno, médio, grande); pela quantidade de pessoas que serve (serve 2 pessoas, serve até 4 pessoas etc.); pela unidade de medida (250 ml, 500 ml); ou pelo valor numérico (8 unidades, 12 unidades etc.).

Menu

Formas de pagamento (*Payment options*): define as maneiras que podem ser usadas pelo cliente para pagar seu pedido: cheque, cartão de crédito ou de débito, e as bandeiras das empresas de cartão aceitas pelo estabelecimento.

Destaques com promoções ou sugestão do dia (*Day's specials*): indicam promoções de alguns pratos ou sugestões de pedido para os clientes e costumam variar de acordo com o dia da semana.

Veja um exemplo de cardápio a seguir.

- **Seções** (*Sections*)
- **Tamanho da porção** (*Portion size*)
- **Imagens** (*Images*)
- **Descrição** (*Description*)
- **Preço** (*Price*)

Sandwiches & Breakfast

B.L.T Toastie Bacon, lettuce & tomato	€4.95
Chicken Club Toastie Chicken cheese lettuce tomato & bacon	€6.95
All day breakfast Bacon, egg, sausage, beans, chips, tea, bread & butter	€8.95

Ocean Fresh Fish

Fresh Cod & Chips Best seller, also known as the 'Dubliners caviar'	€8.98
Smoked Fish & Chips Smoked fish fillet, easy on the pallet and packed with plenty of flavour!	€8.98
Fresh Ray & Chips A traditional favourite, also know as the chicken of the sea	€10.48
Regular Fish Box & Chips (4)	€7.49
Family Fish Box & Chips (8)	€10.49
Supervalue Fish Box & Chips (12)	€12.49
Lemon Sole & Chips An delicate taste, with a subtle fish flavour, a favorite amongst adults and kids alike. Once you try this superb fish you will be a fan evermore	€9.98
Breaded Scampi (9) & Chips Oh what a taste, everybody's favourite bite sized fish	€9.98

Customer Notice:
All fresh fish items subject to market availability.

Tasty Burgers

100% Irish Beef ½ Pounder & Chips Double 1/4 pounder, onions, lettuce, mayo, ketchup, cheese	€8.64
Double Decker Burger & Chips Double 2oz burger, onions, lettuce, mayo, ketchup, cheese	€7.64
¼ Pounder (Full Dressing) & Chips ¼ Pounder, onions, lettuce, mayo	€7.24
¼ Pounder Cheese & Chips ¼ Pounder, onions, lettuce, mayo, ketchup, cheese	€7.44
Chicken Burger & Chips Chicken burger, lettuce, onions, mayo	€6.99
Cheese Burger & Chips 2oz burger, cheese, ketchup, onions	€5.39
Hamburger & Chips 2oz burger, ketchup, onions	€5.19
Whirly Burger & Chips Batter burger topped with a bun, cheese, ketchup and onions	€7.24
Vegetable Burger & Chips 2oz burger, onions lettuce, mayo, ketchup, cheese	€6.94
Fish Burger & Chips Fish burger, lettuce, mayo	€6.99
Spice Burger & Chips Delicious blend of Irish beef, onions, cereals, herbs & spices coated in an outer bread crumb	€4.99
Large Batter Burger & Chips ¼ Pounder, coated in our delicious batter	€6.24

Fresh Cut Chips

Large Chunky Chips	€2.99
Curry / Garlic Chips	€4.99
Garlic Cheesy Chips €5.75 / Taco Chips	€5.95

Chicken Delights

Chicken Tenders (5) & Chips Always a favourite succulent tender pieces of chicken breast	€8.44
Chicken Nuggets (6) & Chips Breaded chicken nuggets, deep-fried to perfection	€6.49

Kiddie Meals *YumYum!!*

Kids Sausage Meal 1 Sausage, regular chips, juice box	€4.95
Kids Nugget Meal 4 Nuggets, regular chips, juice box	€4.95
Kids Hamburger Meal 1 Hamburger, regular chips, juice box	€4.95

Other Eats

Jumbo Plain Sausage	€2.40
Jumbo Battered Sausage	€2.50
Small Plain Sausage	€1.20
Small Battered Sausage	€1.40
Onion Rings	€2.35
Bread & Butter	€1.00
Mushy Peas / Baked Beans	€1.50

Homemade Sauces

Mayo / Ketchup	€0.50
Garlic / Curry / Taco Sauce	€1.50

Desserts

Still peckish, room for more? Please ask your Server for todays special, from €3.00.

Drinks *Coca-Cola Coke Sprite Fanta*

Small Bottles / Water (500ml)	€1.80
Tea/Coffee	€1.60
Latte/Cappuccino	€2.00

Please ORDER FOOD AT COUNTER
Your Tasty Leo Burdocks Meal can be ordered and paid for at the counter, and remember to chose any drinks or sides you might like. Then take a seat, relax and we'll bring your hot food to your table as soon as possible.

NOT SURE WHAT YOU'RE HAVING?
Need a few minutes? Then take a seat and browse through our enticing menu. When ready for your Tasty Leo Burdocks Meal, just order and pay for your food at the main counter. Then take a seat and relax.

Available at: <www.leoburdock.com>. Accessed on June 6, 2014.

Menu

WHILE THE VIDEO IS PLAYING

1 Observe a cena e escreva em que estabelecimento os jovens foram comer.

_____
_____
_____
_____

2 Classifique as afirmações em verdadeiras (*True* – *T*) ou falsas (*False* – *F*).
- **a** ☐ The red-haired girl worries about the calories in the food.
- **b** ☐ The African-American boy is a glutton.
- **c** ☐ The boy with brown hair wants to order the cheapest dish.
- **d** ☐ The dark-haired girl wants to order a dessert.
- **e** ☐ The dark-haired boy will order a pizza full of toppings.
- **f** ☐ The red-haired girl can't find what she wants on the menu because she is very absent-minded.

Menu

3 Relacione os personagens do vídeo a suas respectivas falas.

a ☐ Time to eat before we go back home, folks!
b ☐ Well, I'm not that hungry…
c ☐ You're ALWAYS hungry!
d ☐ I think I'll have a slice of pizza. Where can I see the options?

4 Com base no vídeo, assinale a resposta correta para cada pergunta.

a What is the order of the sections in the menu?
☐ Snacks, foods, desserts, and drinks.
☐ Desserts, drinks, snacks, and foods.
☐ Foods, snacks, desserts, and drinks.

b Why did the teens laugh?
☐ Because one of the boys was a glutton.
☐ Because one of them mistakenly chose the take-out food wrapping to eat because it was the cheapest thing on the menu.
☐ Because one of the girls couldn't find what she wanted on the menu.

c Why did the red-haired girl decide she won't eat anything?
☐ Because she wasn't hungry.
☐ Because she found most things on the menu to be too high in calories.
☐ Because her boyfriend doesn't want to spend too much money.

Menu

5 Complete os balões de fala com o pedido de cada personagem.

A I'd like a _____

B I'd like a _____

C I'll have a _____

D I'll have a _____

6 Relacione as colunas para completar as afirmações sobre o vídeo.

  a The teenagers…
  b Only the dark-haired boy…
  c The dark-haired girl…
  d The desserts were…
  e The menu…
  f The take-out food wrapping…

  ☐ cost US$2.00.
  ☐ decided to eat before going back home.
  ☐ didn't want to eat anything savory.
  ☐ didn't include the amount of calories for the dishes.
  ☐ already knew what he wanted to eat.
  ☐ between the snacks and the drinks.

Menu

AFTER THE VIDEO

1 Leia as principais características de um cardápio e escolha as opções corretas.

> When we go to a restaurant, diner or café, one of the first things we do is ask for a menu, since it will help us choose what we are going to eat and drink, according to our personal taste and needs. The majority of menus are divided into sections to make it easier for the customers to read. Menu sections include a list of the items the establishment serves and, in general, they follow a certain order, starting with appetizers or entrees and ending with desserts and beverages. Apart from that, menus also inform how much each item costs and usually include photos to tempt the customers. Menus also include a brief description of each dish as well as the size of the portions served, in order to help the customer choose according to his or her needs. Most menus do not include calorie counts for each dish, in spite of the fact that many people worry about eating healthy food nowadays.

a A menu is...
- [ ] a list of recipes and pictures of food and beverages prepared at a specific establishment.
- [ ] a list of food and beverages served at a specific establishment.

b The sections in a menu aim to...
- [ ] make it easier for the customer to read and locate the desired dish.
- [ ] to include the largest possible number of foods served.

c Menus normally inform...
- [ ] the price of a dish.
- [ ] the calories of dishes.

d "Entrees", "salads", "snacks", and "desserts" are...
- [ ] names of dishes we can eat at a restaurant.
- [ ] titles of different sections in a menu.

2 Relacione a imagem de alguns pratos às seções do cardápio a que correspondem.

a Entrees **b** Main courses **c** Side dishes **d** Desserts

A, B,  C,  D,  E,  F,  G,  H

Menu

3 Leia o cardápio a seguir e responda às perguntas.

Available at: <http://leilaniandmichaelswedding.info/portfollio.html>. Accessed on June 9, 2014.

a How many main sections are there on this menu and what are they?

b Which sections should you read to choose something to drink and something sweet to eat?

c What do the sections Tuesday night and Friday night inform?

d What do "single" and "pint" mean in the Side Dishes section?

e What's the special dish on the menu? How do you know?

f How many different options for children are there? What are they?

Menu

4 Escreva o nome dos pratos abaixo das imagens correspondentes.

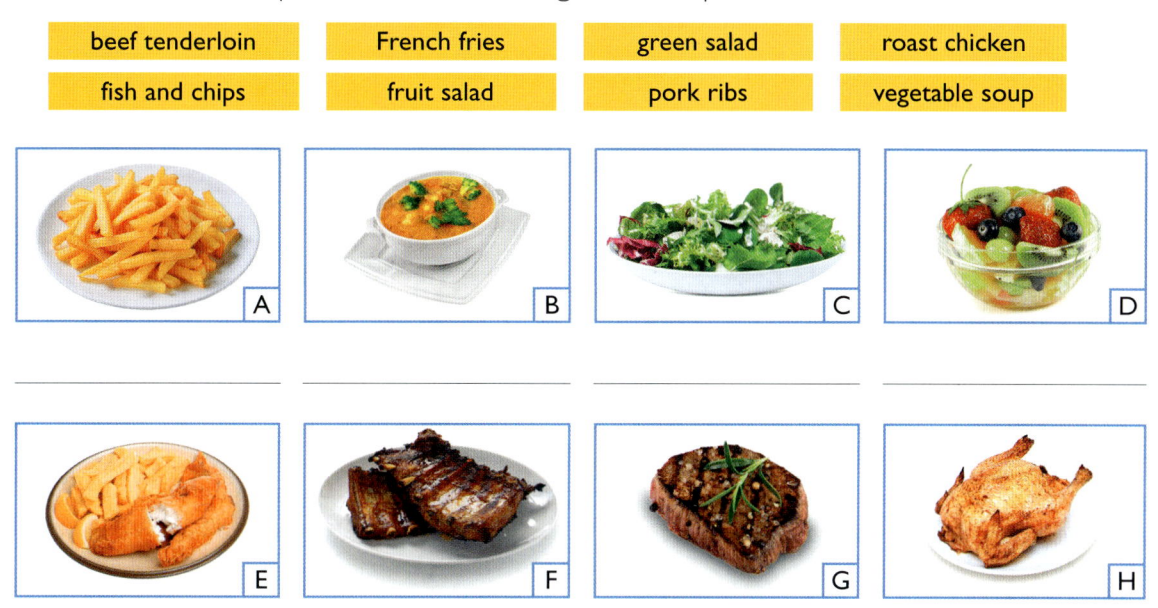

- beef tenderloin
- French fries
- green salad
- roast chicken
- fish and chips
- fruit salad
- pork ribs
- vegetable soup

A.
B.
C.
D.
E.
F.
G.
H.

Beyond the text

Agora é a sua vez! Imagine que você é dono de um estabelecimento comercial (restaurante, lanchonete, cafeteria, pizzaria, restaurante de comida natural etc.) e elabore um cardápio bem criativo. Para a elaboração do cardápio, é necessário considerar os elementos constituintes desse gênero textual, bem como alguns fatores determinantes, como:

- **Tipo de consumidor:** é importante conhecer o público ao qual se destina o cardápio, pois sua estrutura pode se alterar de acordo com as características do cliente (poder aquisitivo, idade, sexo, entre outras).
- **Localização:** devem ser consideradas as preferências e os hábitos alimentares que predominam na localidade onde se situa o estabelecimento.
- **Variação climática:** é necessário observar que, para o inverno, o cardápio deve oferecer alimentos que forneçam sensação de calor, como sopas e bebidas quentes, enquanto, para o verão, devem ser servidas saladas cruas, bebidas geladas, sobremesas frias etc.
- **Imagens:** é interessante inserir imagens chamativas dos principais pratos para despertar a vontade dos clientes.
- **Destaques:** podem ser criados boxes para destacar alguma promoção ou sugestão do estabelecimento.
- **Material:** deve-se decidir o tipo de material do cardápio: papel sulfite, papel canson, se estará em uma pasta, encadernado, plastificado etc.

Websites

BEFORE THE VIDEO

O QUE É?

O conteúdo de um *site* ou *website* é apresentado em um *layout* específico e em diferentes páginas de Internet. A ideia de desenvolver páginas eletrônicas surgiu com a criação da Internet e foi sendo modificada e aperfeiçoada de acordo com a evolução desse meio de comunicação virtual. Cada *site*, assim como as páginas que o compõem, tem um endereço próprio que deve ser digitado na barra de endereços do navegador e o usuário utiliza o recurso do clique do *mouse* para poder ter acesso aos conteúdos oferecidos.

EM QUE MEIO É DIVULGADO?

As páginas de Internet são divulgadas em *sites* que ficam hospedados em servidores. Além de hospedar, os servidores de Internet costumam oferecer, também, recursos para a criação do *layout* e para disponibilização e funcionamento dos *sites* na rede.

COMO SE ESTRUTURA?

As páginas de Internet diferenciam-se de outros gêneros textuais por possibilitarem uma leitura não linear, isto é, por meio de *hyperlinks* ou ícones o leitor pode interromper a leitura que está em andamento e ser redirecionado a uma nova leitura ou ação, como comentar, comprar, escrever uma mensagem etc. Outra característica marcante das páginas de Internet é que podem ser alteradas em tempo real, ou seja, uma página que está sendo visitada pode ter seu conteúdo e *layout* alterados em instantes, o que confere grande dinamismo a esse gênero textual.

De acordo com os recursos escolhidos pelo desenvolvedor da página, é possível que ela apresente *layouts* e conteúdos variados, mas, em geral, uma página de Internet tem alguns elementos considerados padrão, tais como:

Endereço eletrônico (*Web address*): corresponde ao nome do *site* na Internet, geralmente acompanhado pelas siglas "www" ou "http://", no início, e ".com" mais a sigla do país de origem da página (por exemplo, "br" para o Brasil, "cl" para o Chile, "it" para a Itália, "ca" para o Canadá etc.) no final. O endereço permite localizar uma página em meio a todos os *sites* existentes na rede virtual.

Logotipo (*Logo*): imagem ou texto que representa o proprietário do *site*, o qual pode ser uma empresa, uma instituição, uma marca, um projeto etc.

Barra de menu (*Top bar*): apresenta as principais seções de conteúdos oferecidos pelo *site*; varia de acordo com o tipo de *site*, mas em geral oferece algumas seções padrão, entre as quais: "Sobre o *site*", "Contato", "Mapa do *site*".

Websites

Hyperlink (*Hyperlink*): recurso que permite relacionar um texto ou imagem a outros textos ou imagens na rede, para que o usuário possa conhecer e explorar os demais conteúdos oferecidos pelo *site*, além da página que está visitando. Os textos e imagens dos *hyperlinks* costumam ser objetivos e atrativos, para estimular o usuário a clicar e acessar as páginas relacionadas a eles.

Ferramentas (*Toolbox*): são campos que permitem ao usuário fazer ações dentro do *site*, como pesquisar informações, registrar-se, acessar a conta registrada, enviar mensagens, comprar, ver vídeos, conversar em tempo real etc.

Veja, a seguir, um exemplo de página de Internet.

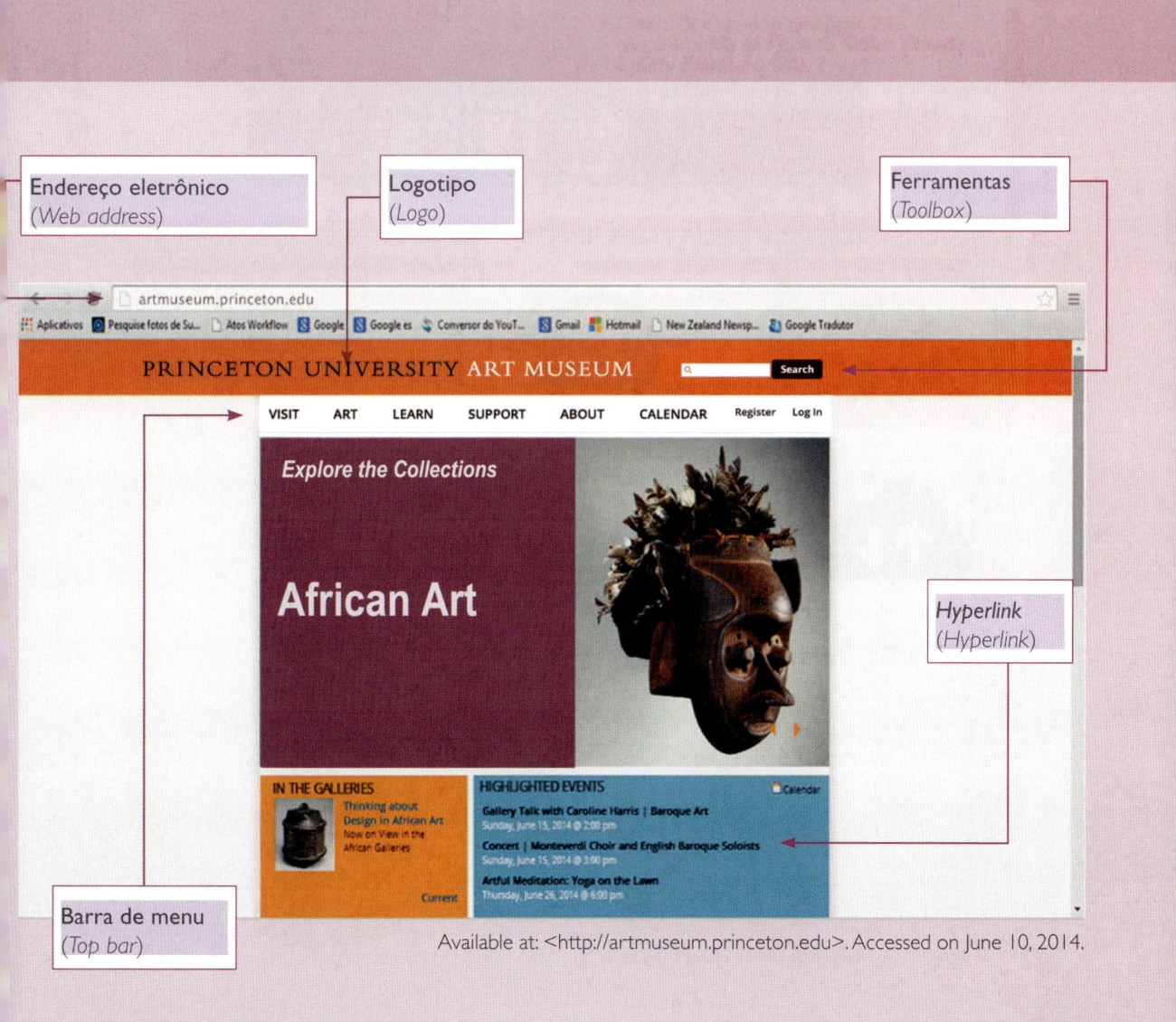

Endereço eletrônico (*Web address*)

Logotipo (*Logo*)

Ferramentas (*Toolbox*)

Hyperlink (*Hyperlink*)

Barra de menu (*Top bar*)

Available at: <http://artmuseum.princeton.edu>. Accessed on June 10, 2014.

Websites

WHILE THE VIDEO IS PLAYING

1 Observe a tela do computador que aparece no vídeo e assinale as respostas corretas para as perguntas.

a Which is the icon for Internet access that appears on the computer screen?

A   B   C   D

b Which folders appear on the computer screen?

☐ Videos ☐ Files
☐ Images ☐ Library
☐ Folder ☐ Music

c How do you call the icon for excluded files?

☐ Trash
☐ Recycling bin
☐ Recycled trash

Websites

2 Complete as explicações do jovem sobre os primeiros passos para acessar a Internet.

> There are many different types of websites. Each of them has their own _____ features. It's very important to know what each website is _____ for.
>
> Here, in this _____ _____, we write the _____ of the website we want to visit. We only do this if we know the _____ of the website that we are looking for. When we don't know, we use a search page, called _____ _____. Have a look at these search engines and notice how they are all very similar. They all have a space to _____ what we are looking for.
>
> In this search page, we can find a list of a lot of webpages about the subject we have typed. That's why it's important to know exactly what we want to find, so we can give the search engine specific _____ .

3 Procure no caça-palavras os cinco tipos de páginas de Internet apresentados no vídeo.

G	L	L	A	B	U	M	E	A	A	I	L
Z	N	S	Q	A	B	X	E	U	N	L	H
N	E	M	A	I	L	D	O	C	V	O	J
O	W	R	A	R	O	R	Q	T	D	T	E
P	S	L	A	I	G	A	N	I	H	N	J
R	E	L	K	Y	S	D	D	O	J	A	A
T	R	R	N	U	A	X	N	N	C	G	M
I	F	T	L	C	L	L	S	M	N	F	T
S	E	A	R	C	H	P	A	G	E	S	L

4 Leia as afirmações e complete-as com o tipo de página correspondente. Utilize os nomes encontrados no caça-palavras do exercício anterior.

a _____ pages inform the price and the assessment of the sellers.
b _____ pages are like Internet newspapers.
c _____ _____ gather the results of our search.
d _____ allow the user to organize posts by publication date.
e _____ allows us to send and receive messages.

Websites

5 Relacione as páginas de Internet apresentadas no vídeo com a explicação correspondente.

A	B	C

D	E

☐ They are personal pages that allow us write about any topic of our interest.

☐ This type of page allows us to search for information about a topic that interests us.

☐ It can be used to exchange messages and information with other people.

☐ These pages allow us to shop and to rate the sellers from whom we bought something.

☐ This type of page allows us to keep up with world affairs in real time.

6 Observe as cenas finais do vídeo e explique o que aconteceu.

_____
_____
_____
_____
_____
_____
_____
_____

Websites

AFTER THE VIDEO

1 Observe a página de Internet a seguir e responda às perguntas.

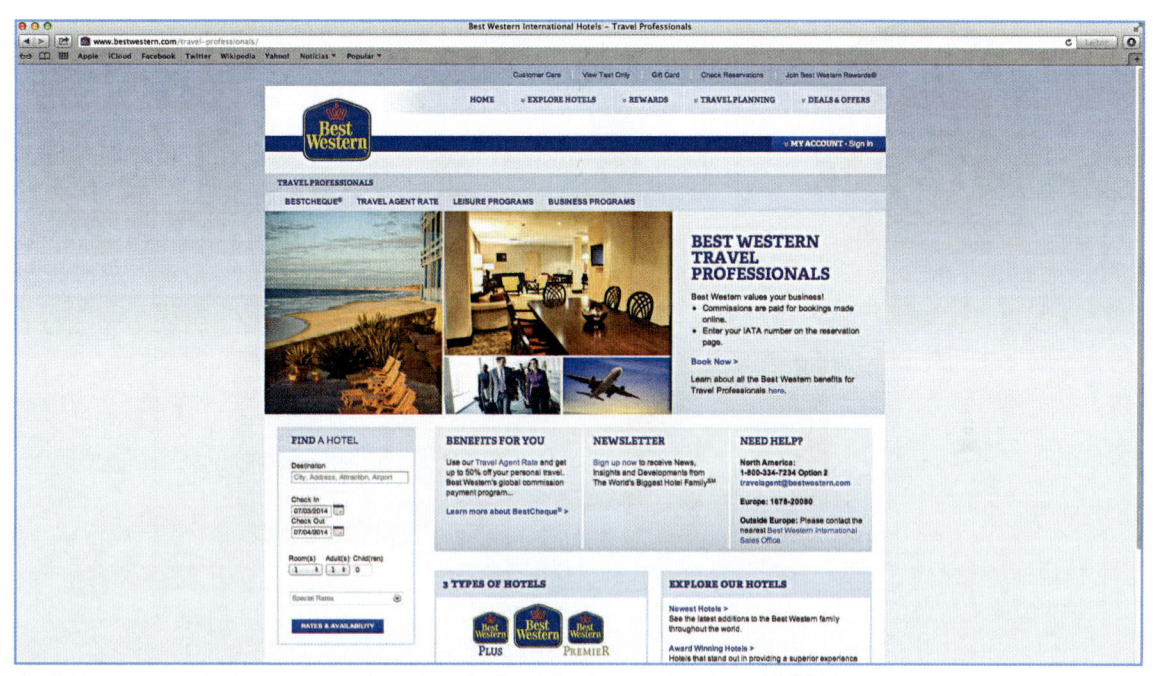

Available at: <www.bestwestern.com/travel-professionals/>. Accessed on June 10, 2014.

a What is this webpage for?

b What's the target audience for this webpage?

c What can users do on this page?

d Where do you click if you wish to register on the site?

e Where do you click if you want to visit the main site of the Best Western chain?

Websites

2 Os ícones são elementos comuns em páginas de Internet. Relacione os ícones a seguir às ações correspondentes.

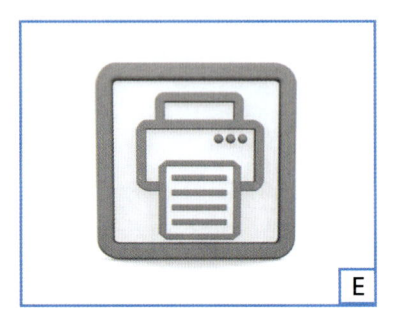

A │ B │ C

D │ E

☐ Contact the webmaster with a question, comment, suggestion or complaint.
☐ Print the content of the webpage currently displayed on the screen.
☐ Add an item you have seen on a webpage to your shopping list.
☐ Register on a webpage to receive its updates.
☐ Return to the home page.

3 Complete as descrições a seguir com o tipo de página de Internet correspondente, usando os termos do quadro.

Classified ads	E-commerce	Institutional
	News	Search browsers

a _____ pages allow companies to sell their products.
b _____ pages provide information about a company or organization.
c _____ pages inform about the most important events of the day.
d _____ pages allow users to sell products and services.
e _____ allow users to search for any information available on any website on the Internet.

Websites

4 Leia as dicas sobre elementos de uma página de Internet e complete a cruzadinha.

a It is generally composed of the name of a site accompanied by "www" or "http://" at the start, and ".com" plus the abbreviation for the site's country of origin at the end.

b It introduces the main sections of a webpage.

c It links different pages and content.

d It allows users to search, comment, ask questions etc.

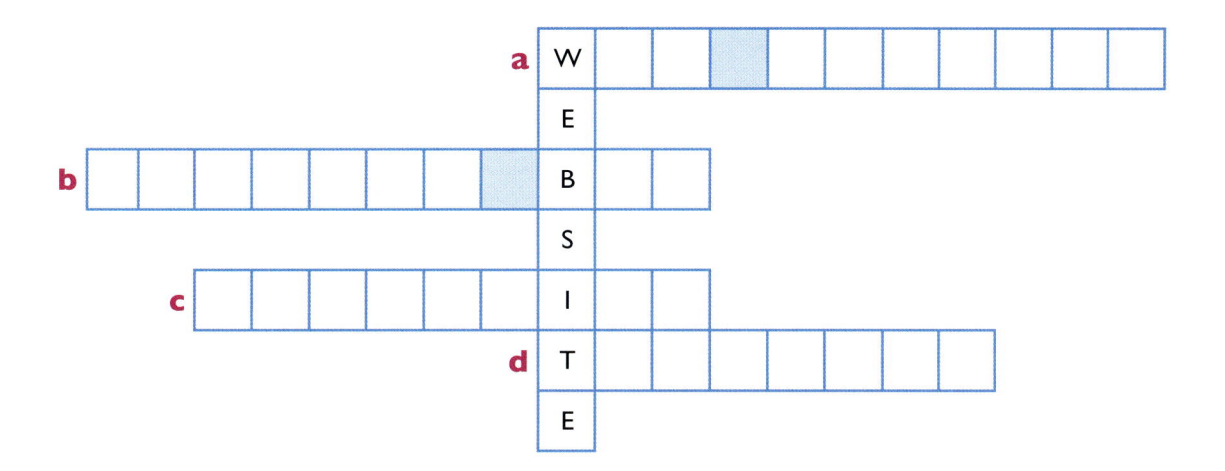

Beyond the text

Com base no que aprendeu sobre páginas de Internet, pense que você fará parte de um grupo de estudos de determinada matéria no colégio, e os diretores querem que organizem uma página de Internet vinculada ao *site* do colégio. Elabore um projeto para essa página, considerando os seguintes itens:

- Qual será o nome do *site*?
- Qual será o endereço do *site*?
- Que abas devem compor a barra de menu?
- Quais ferramentas serão oferecidas?
- Quais serão os textos ou imagens apresentados como *hyperlinks* na página de abertura?
- Como será o logotipo do *site*?

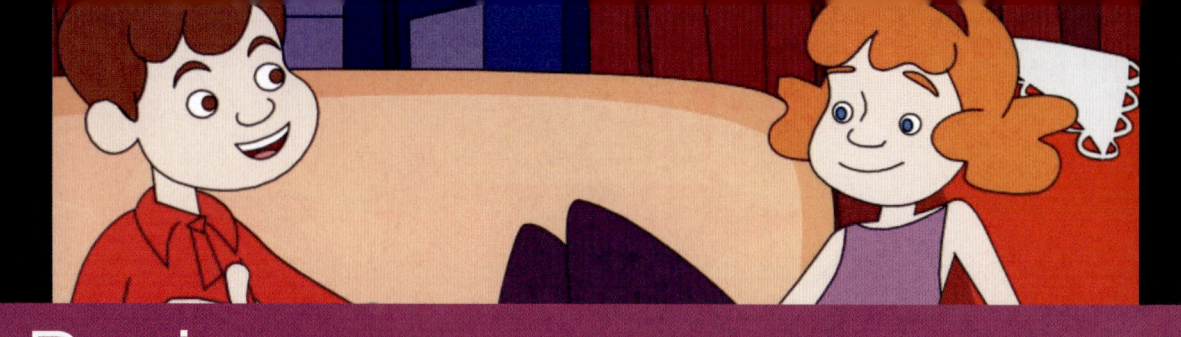

Recipe

BEFORE THE VIDEO

O QUE É?

A receita culinária é um gênero textual de caráter instrucional cujo objetivo é orientar o leitor na preparação de um prato. Para tanto, utiliza linguagem clara e objetiva.

EM QUE MEIO É DIVULGADA?

As receitas podem ser divulgadas em diferentes meios impressos, como jornais, revistas, livros de receitas, e também em meios digitais, como blogues, *sites* de programas televisivos culinários, de revistas, de jornais etc.

COMO SE ESTRUTURA?

A receita culinária possui uma estrutura bem definida:

Título (*Title*): nome dado ao prato.

Ingredientes (*Ingredients*): estipula a quantidade necessária de cada um dos ingredientes para o preparo do prato. As quantidades podem ser indicadas em gramas, xícaras, colheres, pitadas etc.

Modo de preparo ou Modo de fazer (*Method or Directions*): instrui o leitor sobre o preparo, passo a passo, do prato. Por se tratar de uma instrução que visa orientar as ações a serem executadas pelo leitor de maneira direta e objetiva, geralmente utilizam-se os verbos no modo imperativo ou no infinitivo.

Além dessa estrutura padrão, há receitas que incluem informações adicionais, como:

Tempo médio de preparo (*Preparation and cooking time*): indica quanto tempo, aproximadamente, será gasto no preparo da receita, além de quanto tempo ela precisa ficar no fogo, no forno, no micro-ondas ou na geladeira.

Porções ou Rendimento (*Servings or Yield*): informa quantas porções a receita rende, para que o leitor possa adequar a quantidade a ser preparada de acordo com o número de pessoas que consumirão a receita.

Valores nutricionais ou nível calórico (*Nutritional facts or Calories*): discrimina os nutrientes presentes em cada porção ou indica seu valor calórico.

Grau de dificuldade (*Difficulty*): informa se a receita é de fácil ou difícil preparação, sobretudo para orientar aqueles que não têm tanta experiência na cozinha.

Dicas (*Tips*): apresenta sugestões de como servir o prato de maneira mais atrativa, de acompanhamentos ou de como personalizá-lo ou deixá-lo ainda mais saboroso.

Imagem (*Pictures*): apresenta imagens das diferentes etapas do preparo da receita ou apenas uma foto do prato finalizado.

Veja um exemplo de receita a seguir.

Imagem
(Picture)

Título
(Title)

Tempo de preparo
(Preparation and cooking time)

Valores nutricionais
(Nutritional facts)

Easy Strawberry Pie

By Sharlene~W
Added November 18, 2002 | Recipe #46649
Categories: • Pie • Pies and tarts • Strawberry • More ▾

Recipe | Ratings & Reviews (11) | Photos (5)

★★★★★ Rate it! | Read 11 Reviews

Total Time: 38 mins
Prep Time: 30 mins
Cook Time: 8 mins

Sharlene~W's Note:
"An easy to make fresh strawberry pie."

Photo by Sharlene~W
1/5 Photos of Easy Strawberry Pie
Add Your Photos

Ingredients:

Serves: 6-8 Yield: 1.0 9inch pie
Units: US | Metric

1 cup sugar
1 1/4 cups water
2 tablespoons cornstarch
1/4 cup strawberry gelatin powder (recommend Jello)
4 cups fresh strawberries, halved
1 9-inch baked pie crust
sweetened whipped cream (optional)

Directions:

1. Bring sugar, water and cornstarch to a boil over medium heat.
2. Cook stirring constantly for 1 minute or until thickened.
3. Stir in strawberry gelatin until dissolved.
4. Remove from heat; chill 2 hours.
5. Arrange strawberries in pastry shell and pour gelatin mixture over.
6. Cover and chill 2-4 hours.
7. Serve pie with whipped cream if desired.

BACK-TO-SCHOOL MADE EASY
10 KID-FRIENDLY RECIPES
Advertisement

Nutritional Facts for Easy Strawberry Pie

Serving Size: 1 (162 g)
Servings Per Recipe: 6

Amount Per Serving	% Daily Value
Calories 343.6	
Calories from Fat 96	27%
Total Fat 10.6 g	16%
Saturated Fat 2.6 g	13%
Cholesterol 0.0 mg	0%
Sodium 174.7 mg	7%
Total Carbohydrate 57.3 g	19%
Dietary Fiber 2.4 g	9%
Sugars 38.0 g	152%
Protein 6.5 g	13%

Detailed Nutrition Values | About Nutrition Info

Ideas from Food.com

Cooking Hacks for Kids
Beat the back-to-school blues with these genius tricks.

• The New App Has Arrived
• 50 Tailgating Favorites
• 25 Five-Ingredient Dinners
• 10 Easy Casseroles

Available at: <www.food.com/recipe/easy-strawberry-pie-46649>. Accessed on June 19, 2014.

Porções
(Servings)

Modo de fazer
(Directions)

Ingredientes
(Ingredients)

Recipe

WHILE THE VIDEO IS PLAYING

1 Assinale as alternativas que completem corretamente cada frase sobre o vídeo.

   a The characters in the video are…
- [ ] two boys.
- [ ] a boy and a girl.
- [ ] two girls.

   b They are…
- [ ] studying for a test.
- [ ] watching TV.
- [ ] playing videogames.

   c They decide to prepare…

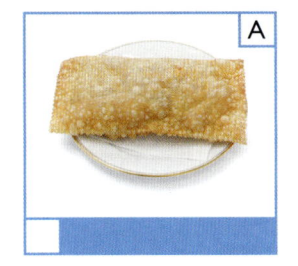

A   B   C   D

2 Complete a fala da personagem sobre a receita.

> You have to put the mixture in the _____.
> You need _____ and _____. You also need _____ _____.
> Put everything in the _____.
> You also need _____ and _____. Did I tell you that you have to put everything in the _____?

Recipe

3 Relacione as colunas para formar frases que descrevam o que acontece no vídeo.

  a The girl believes that…
  b The girl wants to…
  c The boy asks the girl to…
  d The boy suggests that they…
  e The girl doesn't find the boy's suggestion useful because…
  f The boy explains to the girl that…

  ☐ … repeat the recipe again, more slowly.
  ☐ … it will be very easy to bake a cake.
  ☐ … all the information will be better organized in a recipe.
  ☐ … prepare the dish like her grandmother would.
  ☐ … she believes that it would take too long to put a recipe together.
  ☐ … write down what the girl remembers in order to put together a recipe.

4 Assinale os utensílios de cozinha e eletrodomésticos que são indicados no vídeo e escreva seus nomes.

Recipe

5 Complete a receita escrita pelos jovens com os valores que indicam a quantidade de cada ingrediente, a temperatura ideal do forno e o tempo de preparo.

Blender chocolate cake

Ingredients:

_____ eggs

_____ cup milk

_____ cups flour

_____ _____ cups sugar

_____ tablespoon baking powder

_____ cup cocoa powder

Directions:

Mix everything in a blender. Preheat the oven to _____°C. Pour the dough in a buttered and floured baking tray and bake it for _____ minutes.

6 Com base no vídeo, marque verdadeiro (*true* – T) ou falso (*false* – F).

a ☐ In the end, the kids decide to order a pizza.
b ☐ The girl is very agitated. She explains everything too quickly.
c ☐ The boy compares a recipe with an instruction manual.
d ☐ They write the recipe on a computer.
e ☐ The girl finds writing a recipe a lot of fun.
f ☐ The boy wants to put together a recipe calmly and thoroughly.
g ☐ The girl already had a recipe written in her grandmother's notebook.

AFTER THE VIDEO

1 Leia a receita e responda às perguntas.

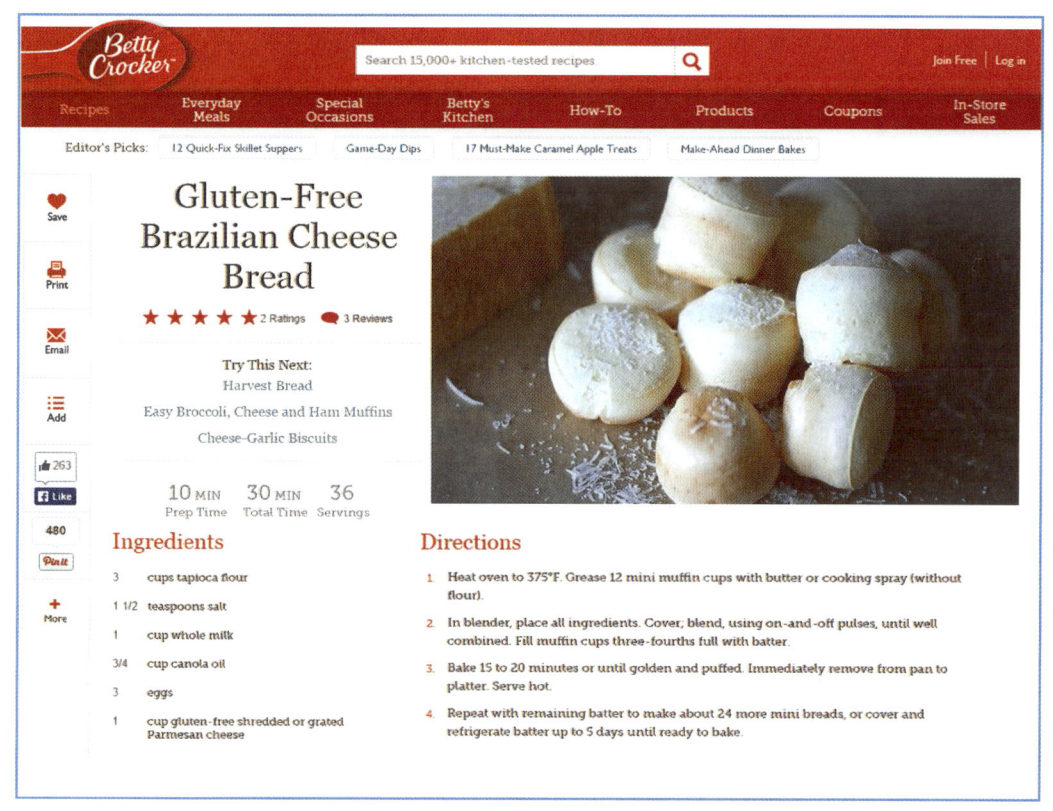

Gluten-Free Brazilian Cheese Bread

★★★★★ 2 Ratings 3 Reviews

Try This Next:
Harvest Bread
Easy Broccoli, Cheese and Ham Muffins
Cheese-Garlic Biscuits

10 MIN Prep Time 30 MIN Total Time 36 Servings

Ingredients

- 3 cups tapioca flour
- 1 1/2 teaspoons salt
- 1 cup whole milk
- 3/4 cup canola oil
- 3 eggs
- 1 cup gluten-free shredded or grated Parmesan cheese

Directions

1. Heat oven to 375°F. Grease 12 mini muffin cups with butter or cooking spray (without flour).
2. In blender, place all ingredients. Cover; blend, using on-and-off pulses, until well combined. Fill muffin cups three-fourths full with batter.
3. Bake 15 to 20 minutes or until golden and puffed. Immediately remove from pan to platter. Serve hot.
4. Repeat with remaining batter to make about 24 more mini breads, or cover and refrigerate batter up to 5 days until ready to bake.

Available at: <www.bettycrocker.com/recipes/gluten-free-brazilian-cheese-bread/3b5dba87-e3f9-4138-887c-71997c99b6b7>. Accessed on September 15, 2014.

a Which of the ingredients below is not used in this recipe?

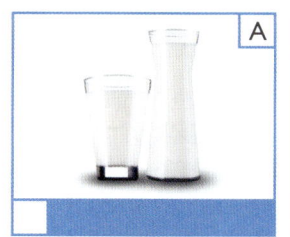

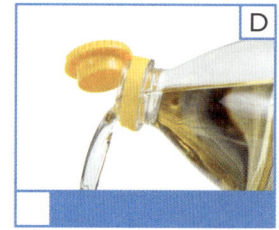

A B C D

b Which is the only true statement about the preparation of this recipe?
- ☐ You need to preheat the oven above 350°F.
- ☐ The last ingredients to be added to the mixture are the cheese and the egg.
- ☐ You may need to add a little extra tapioca flour to the recipe.
- ☐ You need to grease the baking tray where the cheese breads will be baked.

Recipe

2 Relacione as orientações de preparo de uma receita de almôndegas às imagens correspondentes.

| A | B | C | D |
| E | F | G | H |

- [ ] Season to taste.
- [ ] Roll the egg-dipped meatballs on the flour.
- [ ] Chop the onion, tomato, and carrot and mix them into the ground beef.
- [ ] Dip the meatballs in two beaten eggs.
- [ ] Roll the beef mixture into small balls.
- [ ] Mix everything thoroughly with your hands.
- [ ] Fry the meatballs in hot oil in a pan.
- [ ] Grind the beef.

3 Agora, escreva os ingredientes usados na receita anterior e ordene as instruções dadas para compor a receita de almôndegas.

Recipe

Directions

Ingredients

Recipe

4 Complete as orientações de preparo de um pudim com os verbos do quadro conjugados no modo Imperativo.

add	bake	beat	leave
pour	serve	sprinkle	turn out

Crème caramel pudding with peanuts

Directions:

_____ the eggs with the milk and the sugar in a blender.

_____ the chopped peanuts.

_____ five drops of vanilla.

_____ the mixture into a baking tin.

_____ in a double boiler at medium temperature for 40 minutes.

_____ it to cool and _____.

_____ with a caramel sauce.

Beyond the text

Faça uma pesquisa com seus familiares sobre alguma receita de sua família, aquela que sempre está presente em aniversários, festas, comemorações e de que todos gostam. Peça a receita à pessoa que costuma prepará-la. Faça todas as anotações que considerar necessárias para que as informações fiquem bem completas. Em seguida, pesquise algum *site* que aceite receitas enviadas pelos leitores e envie a receita de sua família para compartilhá-la com outras pessoas. Ao escrever sua receita, não se esqueça de:

- Criar um título, caso não haja. Você pode acrescentar o sobrenome de sua família ou o nome de quem prepara a receita ao título, como, por exemplo: Torta de amendoim da vovó Lúcia ou Salada de berinjela da família Sousa.
- Inserir uma foto da receita. Se possível, peça para a pessoa preparar o prato e tire uma foto.
- Incluir o tempo de preparo.
- Incluir o rendimento.
- Incluir alguma dica ou segredo que a pessoa segue na preparação da receita.
- Se usar algum ingrediente típico da região em que você vive, pensar em outro ingrediente que possa substituí-lo para que todos possam fazer a receita.

Book review

BEFORE THE VIDEO

O QUE É?

O gênero textual resenha de livro tem como objetivo informar o leitor e emitir uma opinião a respeito de um livro, analisando aspectos como tema, enredo, personagens, curiosidades sobre a obra e o autor etc. Para tanto, o resenhista precisa fazer uma leitura analítica do livro e ter conhecimento sobre o assunto abordado na obra. Ademais, é importante que a resenha seja elaborada com objetividade e clareza, a fim de apresentar tanto os aspectos positivos quanto os negativos do livro.

A linguagem a ser utilizada na resenha normalmente é determinada pelo público-alvo da obra resenhada. Resenhas de obras destinadas a pesquisadores, estudantes, profissionais etc. tendem a ser elaboradas com linguagem formal; já resenhas escritas sobre publicações voltadas ao público jovem, por sua vez, admitem um uso mais coloquial da linguagem, característico de seus leitores.

EM QUE MEIO É DIVULGADA?

As resenhas de livros podem ser publicadas em revistas semanais de grande circulação ou em revistas acadêmicas, em jornais diários, blogues, portais de Internet e outros meios de comunicação escrita.

COMO SE ESTRUTURA?

A resenha segue a seguinte estrutura:

Título (*Title*): em geral, é composto do nome da obra resenhada acompanhado de alguma frase ou expressão que resuma a opinião do resenhista ou apenas da especificação "Resenha de...".

Identificação da obra resenhada (*Book details*): dados bibliográficos essenciais da obra a fim de permitir que o leitor a identifique caso se interesse em lê-la. Esses dados, conforme o padrão da ABNT[1], são: autor(es), tradutor(es) (caso seja uma obra traduzida), título, edição, local de publicação, editora e data de publicação. Caso sua resenha seja apresentada em âmbito acadêmico ou escolar, a indicação desses dados deve seguir o seguinte estilo: VIEIRA, Isabel. **E agora, filha?** São Paulo: Moderna, 2003. Se a resenha for escrita em um portal, blogue ou revista não acadêmicos, é possível indicar esses dados seguindo outro formato e inserir dados adicionais, como imagem da capa, preço, *site* da editora, gênero literário a que pertence etc.

Identificação do resenhista (*Reviewer*): dados pessoais ou profissionais de quem escreve a resenha, como nome, *e-mail*, instituição onde estuda ou trabalha etc.

Descrição da estrutura (*Structure*): descreve a estrutura do livro, a forma de organização em capítulos ou seções, os apên-

---

[1] Associação Brasileira de Normas Técnicas, Informação e Documentação – Referências – Elaboração. Rio de Janeiro, 2002, p. 3. Disponível em: <www.habitus.ifcs.ufrj.br/pdf/abntnbr6023.pdf>. Acessado em: 19 jun. 2014.

Book review

dices (caso haja), o foco narrativo/descritivo/argumentativo, o número de páginas etc.

Descrição do conteúdo (*Synopsis*): resumo do livro resenhado com a identificação do gênero literário e descrição do enredo, dos personagens ou dos principais temas abordados.

Análise crítica (*Critical assessment*): apresenta a opinião do resenhista. Essa opinião deve ser baseada em argumentos consistentes que apontem tanto os aspectos positivos quanto os negativos da obra, a partir de exemplos extraídos do próprio texto. Uma crítica não necessariamente apresenta os problemas ou aspectos negativos de uma obra. Caso o resenhista não encontre falhas, pode escrever a análise crítica destacando apenas suas qualidades.

Veja um exemplo de resenha de livro a seguir.

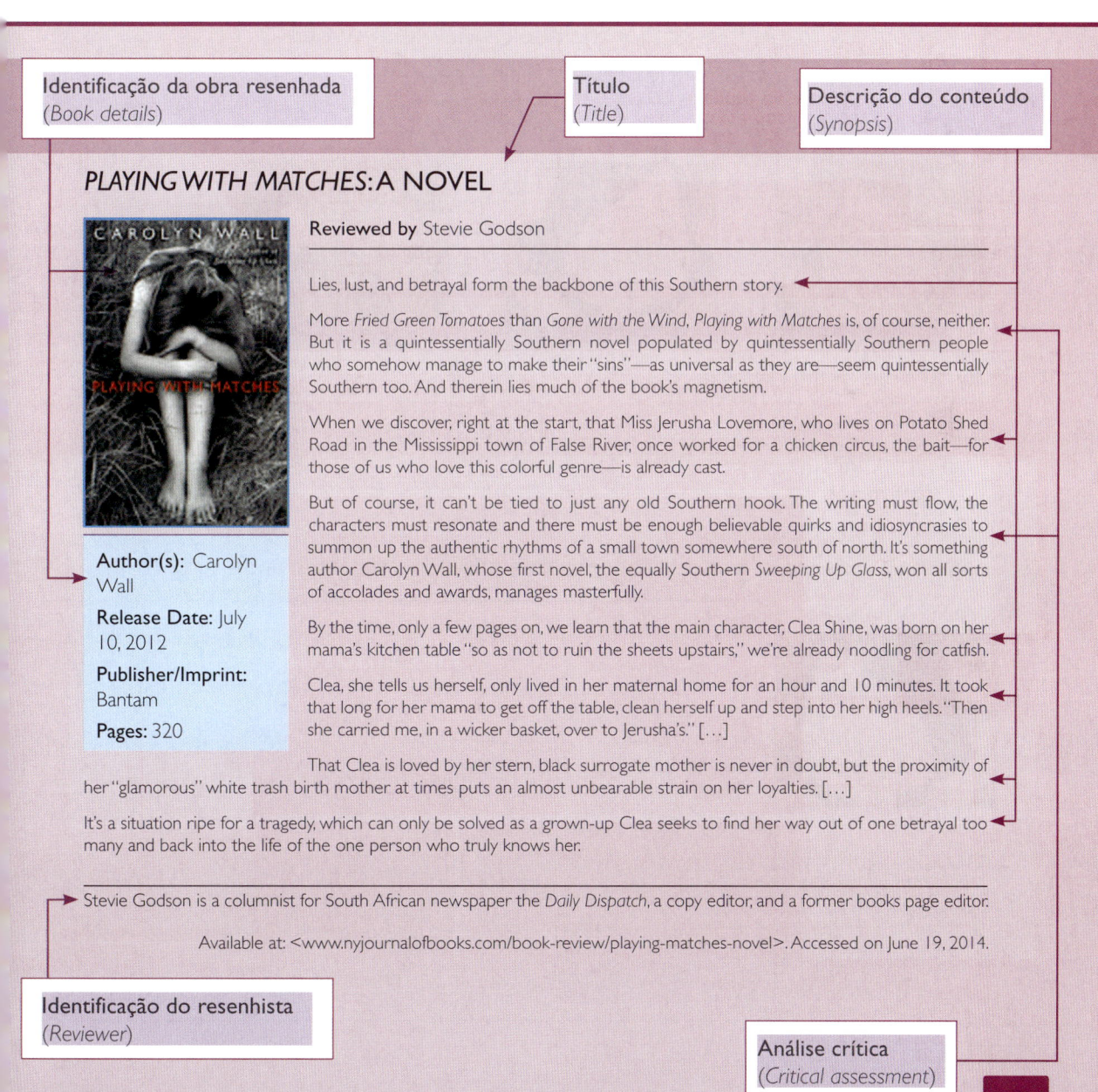

Identificação da obra resenhada (*Book details*) | **Título** (*Title*) | **Descrição do conteúdo** (*Synopsis*)

PLAYING WITH MATCHES: A NOVEL

Reviewed by Stevie Godson

Lies, lust, and betrayal form the backbone of this Southern story.

More *Fried Green Tomatoes* than *Gone with the Wind*, *Playing with Matches* is, of course, neither. But it is a quintessentially Southern novel populated by quintessentially Southern people who somehow manage to make their "sins"—as universal as they are—seem quintessentially Southern too. And therein lies much of the book's magnetism.

When we discover, right at the start, that Miss Jerusha Lovemore, who lives on Potato Shed Road in the Mississippi town of False River, once worked for a chicken circus, the bait—for those of us who love this colorful genre—is already cast.

But of course, it can't be tied to just any old Southern hook. The writing must flow, the characters must resonate and there must be enough believable quirks and idiosyncrasies to summon up the authentic rhythms of a small town somewhere south of north. It's something author Carolyn Wall, whose first novel, the equally Southern *Sweeping Up Glass*, won all sorts of accolades and awards, manages masterfully.

Author(s): Carolyn Wall
Release Date: July 10, 2012
Publisher/Imprint: Bantam
Pages: 320

By the time, only a few pages on, we learn that the main character, Clea Shine, was born on her mama's kitchen table "so as not to ruin the sheets upstairs," we're already noodling for catfish.

Clea, she tells us herself, only lived in her maternal home for an hour and 10 minutes. It took that long for her mama to get off the table, clean herself up and step into her high heels. "Then she carried me, in a wicker basket, over to Jerusha's." [...]

That Clea is loved by her stern, black surrogate mother is never in doubt, but the proximity of her "glamorous" white trash birth mother at times puts an almost unbearable strain on her loyalties. [...]

It's a situation ripe for a tragedy, which can only be solved as a grown-up Clea seeks to find her way out of one betrayal too many and back into the life of the one person who truly knows her.

Stevie Godson is a columnist for South African newspaper the *Daily Dispatch*, a copy editor, and a former books page editor.

Available at: <www.nyjournalofbooks.com/book-review/playing-matches-novel>. Accessed on June 19, 2014.

Identificação do resenhista (*Reviewer*) | **Análise crítica** (*Critical assessment*)

Book review

WHILE THE VIDEO IS PLAYING

1 Assinale as alternativas que respondem corretamente a cada pergunta sobre o vídeo.

a Where are the girls and what are they doing?
- ☐ Relaxing in a park.
- ☐ Talking in the garden outside school.
- ☐ In the bedroom, surfing the Internet.

b What do they talk about?
- ☐ About a book they are reading.
- ☐ About the marks they got for the book review they wrote.
- ☐ About how to write a book review for homework.

c Which of the girls has nothing to do?

A ☐   B ☐   C ☐

d What time of the day is it?
- ☐ Evening.
- ☐ Morning.
- ☐ Afternoon.

2 Complete a explicação da personagem sobre o que é uma resenha de livro.

If a book review were just a _____, it would be called a _____, not a book review. A book review is like a _____ literary review, but it also includes your opinion. You have to start by the _____ of the book. Then, mention the name of the _____ and the _____ of the publication for bibliographic reference, followed by a brief _____ of the plot. This gives the reader an _____ of the book.

Book review

3 Leia as descrições sobre gêneros e estilos literários mencionados no vídeo e complete a cruzadinha com o nome correspondente.

　a Narrative work that tells a love story.
　b The type of text involving the imagination, dreams, and the unreal.
　c A text that objectively describes the events in a person's life.
　d The type of text that presents the reader with secrets and puzzles that are revealed throughout the story.

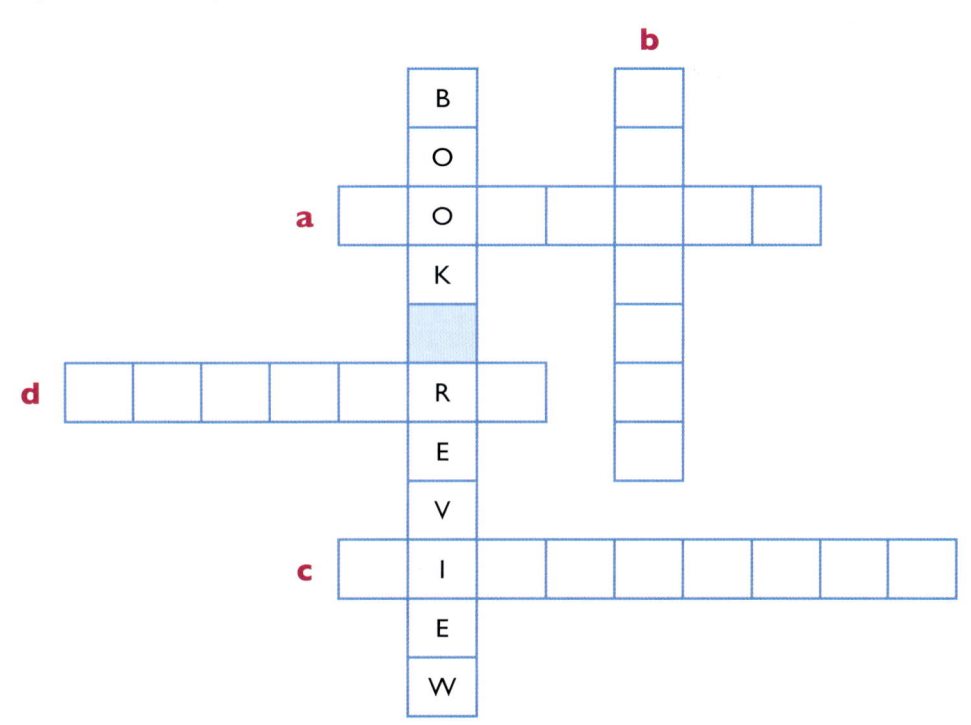

4 Complete as frases de acordo com as orientações da personagem sobre como fazer uma resenha.

　a An overview of a book may talk about the author's _____.

　b It is also interesting to write about the _____ used by the author.

　c The main _____ may also be described.

　d The hardest part of a review is the _____ assessment of the book.

　e You can also mention whether the author _____ the ideas correctly.

　f You must _____ using phrases like "I _____", "I liked…" or "I didn't like…".

Book review

5 Leia as afirmações e indique a qual personagem se referem.

| | A | | B |

- [ ] She is worried and nervous.
- [ ] She helps her friend to understand what a book review is.
- [ ] She thinks a review is the same as a summary.
- [ ] She doesn't know how to make a description.
- [ ] She doesn't have to write a book review but knows how to do it.
- [ ] She has doubts about the homework her teacher has assigned.
- [ ] She has already read the book she has to review.

6 Observe a expressão da personagem ao final do vídeo e explique o que aconteceu.

_____
_____
_____

Book review

AFTER THE VIDEO

1 Leia a resenha e responda às perguntas.

It's kind of a funny story – book review

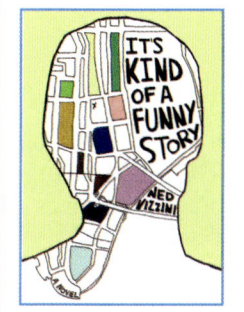

By **Ayesha Pasha** | on March 12, 2014 |

Ned Vizzini's brilliant novel "It's kind of a funny story" was published in 2006, the book was inspired by Vizzini's own brief hospitalization for depression in 2004. The book itself is simply brilliant, Vizzini allows us to transcend into the mind of Craig Gilner, a 15-year-old boy who becomes increasingly stressed due to schools intense academic pressure. Vizzini allows us as readers, to walk hand in hand with Craig through his suicidal tendencies, his use of pot, his eating disorder and eventually his life in a psychiatric ward.

Craig's depression builds and builds, up until the point where he is unable to fight off his demons and his suicidal ideation, he dials 1-800-SUICIDE and is admitted into an psychiatric hospital.

The heavy theme of the story is overpowered by the sensation of laughter. Bursting out laughing at any solemn or inappropriate moment, a funny or totally unfunny moment, laughter being a way to cope with pressure and Ned Vizzini's beautiful insightful and utterly authentic novel gives us an insight on how much pressure teenagers face in a success-oriented world which values statistics over self-development!

I absolutely recommend this book!

Available at: <http://xplodemag.co.uk/kind-funny-story-book-review/>. Accessed on June 19, 2014.

a What is the title of the book, its author and the year of publication?

b What's the literary genre of the work?

c What's the plot?

Book review

2 Assinale a alternativa que melhor completa cada afirmação sobre o gênero resenha de livro.

a A book review…
- [ ] includes a description and a critical assessment of the work.
- [ ] includes only a summary of its content.

b In order to write a review, you need to critically appraise…
- [ ] the cover and the publisher of the book.
- [ ] the style and the content of the book.

c A critical assessment involves…
- [ ] pointing out the problems and flaws of the book.
- [ ] identifying both the positive and the negative aspects of the book.

3 Ao fazer análises críticas, é comum que o resenhista utilize adjetivos para qualificar positiva ou negativamente a obra. Leia as descrições e procure no caça-palavras o adjetivo correspondente.

a It keeps the reader engaged.
b It makes the reader cry or laugh.
c Hardly any details are given throughout the text.
d The story moves along at a very slow pace, which does not engage the reader.
e There are real life, everyday facts and events.
f It stimulates the imagination.

G	I	L	A	B	U	M	E	T	A	I	M
Z	N	S	Q	A	R	A	O	G	N	L	E
N	T	G	E	D	X	D	E	L	V	O	S
O	E	R	U	X	S	R	T	N	D	T	R
P	R	L	A	I	C	A	R	Q	E	N	G
R	E	L	R	Y	L	I	A	U	F	A	I
M	S	O	E	E	O	E	T	I	D	G	N
A	T	G	A	S	C	D	D	I	T	F	A
K	I	T	L	H	T	W	U	N	N	E	J
Q	N	A	I	N	B	O	R	I	N	G	E
U	G	N	S	U	S	C	E	H	J	L	T
S	L	O	T	I	M	O	N	J	R	R	R
T	R	R	I	U	A	X	T	E	C	A	Y
T	N	N	C	A	H	T	B	J	L	E	N
Y	U	P	O	O	R	C	I	A	S	R	I
I	F	T	L	C	L	L	S	M	N	Y	C
C	R	E	A	T	I	V	E	T	N	O	O

Book review

4 Analise as capas dos livros a seguir e relacione-as ao estilo literário a que pertencem.

  a science fiction
  b horror
  c fantasy
  d biography

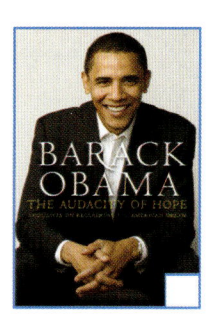

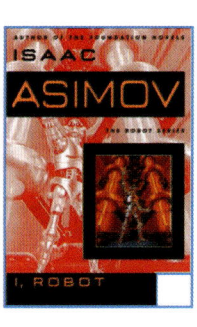

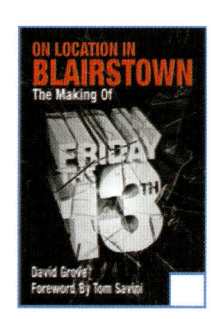

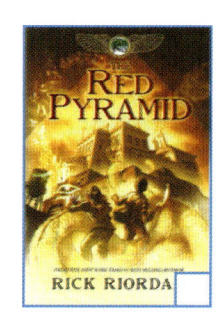

Beyond the text

A resenha é uma forma de estimular a leitura, pois, com base nela, o leitor pode se interessar em ler a obra completa. Assim sendo, faça uma pesquisa na Internet sobre resenhas de obras literárias de um tema de seu interesse. Escolha a obra que achar mais interessante e faça a leitura na íntegra. Você pode comprar o livro ou procurá-lo na biblioteca de sua escola ou de sua região.

Após a leitura, escreva a sua própria resenha e publique-a. Há vários portais e blogues que permitem que os visitantes enviem suas resenhas para serem publicadas, pois essa é uma forma de compartilhar diferentes leituras e opiniões. Ao fazer sua resenha, não se esqueça de seguir a estrutura estudada:

- Apresente os dados da obra lida: nome da obra, autor, tradutor (caso haja), local de publicação, editora, ano e total de páginas.
- Pense em um título para sua resenha. Ele pode resumir a sua impressão geral sobre a obra.
- Informe o seu nome e e-mail. Caso queira, pode informar também o ano em que está e o colégio onde estuda.
- Apresente um resumo sobre o enredo da obra.
- Faça uma crítica destacando os aspectos positivos e negativos do livro com base em exemplos da própria obra.
- Se quiser, procure uma imagem da capa do livro na Internet ou digitalize e anexe essa imagem a sua resenha.

Sugestões de *sites* que aceitam a publicação de resenhas ou explicam como publicá-las:

- <www.ovendedordelivros.com.br/2010/04/resenha-quem-faz-e-voce.html>, acessado em 20 jun. 2014.
- <www.educacao.cc/livros/resenha-livros-ou-filmes-publique-seu-resumo-critico-aqui>, acessado em 20 jun. 2014.
- <www.webartigos.com>, acessado em 20 jun. 2014.
- <www1.folha.uol.com.br/folhinha/2014/03/1428032-folhinha-ira-publicar-resenhas-de-criancas-sobre-filmes-livros-e-games.shtml>, acessado em 20 jun. 2014.

Film review

BEFORE THE VIDEO

O QUE É?

Resenha de filme é um gênero textual que informa o leitor e emite opiniões sobre os principais aspectos do filme (gênero, enredo, personagens, trilha sonora, qualidade de imagens etc.). Dessa forma, para escrever uma resenha, é preciso fazer uma análise geral e completa da obra a partir de um olhar crítico, capaz de identificar seus pontos positivos e negativos. Isso requer que, ao assistir o filme, o resenhador fique atento à maior quantidade possível de detalhes, para poder informá-la ao leitor de sua resenha e para analisá-la com propriedade.

EM QUE MEIO É DIVULGADA?

A resenha de filme pode ser publicada em revistas semanais de grande circulação, periódicos, blogues, *sites* e outros meios de comunicação escrita.

COMO SE ESTRUTURA?

Uma resenha de filme deve ter a seguinte estrutura:

Título (*Title*): em geral, é composto do nome do filme acompanhado por alguma frase ou expressão que resuma a opinião do resenhista sobre a obra ou apenas pela especificação "Resenha de...".

Identificação do filme resenhado (*Movie details*): dados que identificam o filme e a equipe de direção, produção e elenco. Os dados essenciais são: diretor, roteirista, produtores/produtora, atores principais do elenco, gênero do filme, ano de lançamento, país de origem, idioma em que foi gravado e tempo de duração. Também é possível apresentar dados extras, como o cartaz de divulgação do filme ou a capa do DVD, a vendagem de bilheteria, o valor gasto na produção do filme etc.

Identificação do resenhista (*Reviewer*): dados pessoais ou profissionais de quem escreve a resenha, como nome, *e-mail*, instituição onde estuda ou trabalha, entre outros.

Descrição do conteúdo (*Synopsis*): resumo do filme com a descrição do enredo, dos principais personagens e/ou temas abordados, da trilha sonora, do local/locais de filmagem etc.

Análise crítica (*Critical assessment*): consiste na opinião do resenhista baseada em argumentos consistentes que apontem tanto aspectos positivos como negativos, a partir

Film review

de exemplos extraídos do próprio filme. Essa análise deve ser o mais completa possível e avaliar diferentes elementos que compõem a estrutura de um filme: desempenho dos atores, cenário, figurino, trilha sonora, qualidade das imagens, entre outros.

Nota do filme (*Rating*): é uma valoração que o resenhista atribui ao filme e que pode ser dada em forma de nota numérica, de zero a dez, ou com a indicação de zero a cinco estrelas.

Veja um exemplo de resenha de filme a seguir.

Nota do filme (*Rating*) | **Título** (*Title*) | **Identificação do resenhista** (*Reviewer*)

Frozen – review
This icebound Disney animation is engaging, witty, and festive: fun for all the family.

★★★★☆

Mark Kermode

The Observer, Sunday 8 December 2013

Carving itself a cool niche alongside Disney's very best animated output, this rip-roaring fairytale (which takes its cue from Hans Christian Andersen's *The Snow Queen*) has everything you want for Christmas: belting songs, soaring hearts, snappy jokes, and an inspirational reworking of the traditional happy ending.

Having been forced to isolate herself because of her icily magical powers, Princess Elsa shuns her sister Anna's attentions for fear that she may harm her. But when an outbreak of eternal winter sends Elsa into exile, Anna is in hot pursuit, aided by (among others) the talking snowman Olaf, who could give *Shrek*'s Donkey a run for his money in the comic sidekick stakes.

Blessed with not one but two resourceful heroines, and painted with a glittering digital palette which conjures a spectacular backdrop for the romping action (Arendelle and its environs are part Norway, part Narnia), this is terrifically enjoyable – romantic, subversive, engaging, and enthralling. Take the family and make sure you arrive in time for the supporting short *Get a Horse*, which bridges the gap between old-school Mickey Mouse doodles and fancy-schmancy 3-D digimation with aplomb.

Adapted from: <www.theguardian.com/film/2013/dec/08/frozen-film-review-disney-animation>. Accessed on June 19, 2014.

Production year: 2013
Country: USA
Cert (UK): PG
Runtime: 108 mins
Directors: Chris Buck, Jennifer Lee
Cast: Alan Tudyk, Ciarán Hinds, Idina Menzel, Jonathan Groff, Josh Gad, Kristen Bell, Santino Fontana

Identificação do filme (*Movie details*) | Análise crítica (*Critical assessment*) | Descrição do conteúdo (*Synopsis*)

Film review

WHILE THE VIDEO IS PLAYING

1 Assinale as respostas corretas para cada pergunta.

   a Where are the girls?
   - [ ] At the movie theater entrance.
   - [ ] At school.
   - [ ] In Lisa's living room.

   b Which of the girls has seen the movie?
   - [ ] Lisa's friend.
   - [ ] Lisa.
   - [ ] Both girls.

   c What does Lisa complain about?
   - [ ] That the cinema was quite crowded.
   - [ ] That she didn't like the movie.
   - [ ] That she hasn't been able to go to the movies.

   d What does Lisa say about the movie?
   - [ ] That it isn't an interesting story.
   - [ ] That the lead character is not played by a famous actor.
   - [ ] That she was shocked by the ending.

2 Reveja a cena do vídeo e complete a explicação da amiga de Lisa sobre o objetivo de uma resenha de filme.

> But you're not telling me anything! I can't _____ the story using only that information. If you want to _____ me to _____ this movie, you have to _____ by introducing the _____ to see if I can _____ to any of them.

Film review

3 Responda às perguntas sobre o filme que Lisa viu no cinema.

a Who is the main character of the movie?
_____

b What other characters does Lisa mention?
_____

c How does the movie start?
_____

d What's the main character's job in the movie?
_____

e What time of day is it at the beginning of the movie?
_____

4 Ordene as cenas do vídeo e relacione-as com a descrição correspondente.

A	B
C	D

☐ The girls stop at the bus stop and wait for a bus to take them home.
☐ As they come out of school, the girls walk to the nearest bus stop.
☐ The girls come out of the school and cross the road at the pedestrian crossing.
☐ At the end of a school day, the girls put their books away in their backpacks and leave.

Film review

5 Assinale a alternativa que completa corretamente as afirmações sobre o final do vídeo.

a The girls finish their chat about film reviews…

☐ in the classroom. ☐ on the bus. ☐ at the bus stop.

b The girl explains to Lisa that a review can…
☐ reveal what happens at the end of the movie.
☐ comment on the actors' personal lives.
☐ comment on the soundtrack and special effects.

c At the end of the movie, the viewer discovers that…
☐ the psychologist had murdered the boy.
☐ the boy and the psychologist's ex-wife had an affair.
☐ the boy was the psychologist's son.

6 Observe a imagem e explique por que a amiga de Lisa está com esta expressão.

Film review

AFTER THE VIDEO

1 Leia a resenha a seguir e responda às perguntas.

> ### The Fault in Our Stars, movie review: Schmaltzy teen drama disappoints
> Film turns into a lachrymose melodrama despite promising not to be one
>
> ★★☆☆☆
>
> **Geoffrey Macnab** June 19, 2014
>
> In the introductory voice-over, we are promised by its very engaging young heroine Hazel Grace Lancaster (Shailene Woodley) this won't be the typical terminal illness melodrama that "sugar coats" the characters' afflictions and uses schmaltzy music to tweak the heartstrings.
>
> It is not a promise the film keeps as it sinks slowly into gooey mawkishness.
>
> The film, already a big success in the U.S., is adapted from John Green's bestselling novel about a love affair between two young cancer victims. Hazel and Augustus Waters (Ansel Elgort) meet in a support group and immediately strike up a rapport. Early on, it plays like a contemporary equivalent to one of John Hughes' brat pack films.
>
> It is smartly written, with an engaging line in deadpan irony and fatalism. The young leads are refreshingly unsentimental about their condition and have a sense of rebelliousness and mischief, especially when their parents try to mollycoddle them.
>
> It is only after a trip to Amsterdam and a meeting with Hazel's favourite author Peter van Houten (Willem Dafoe) that the sentimentality really becomes cloying.
>
> A trip to Anne Frank's house marks a nadir as the film slowly turns into the kind of manipulative, lachrymose melodrama that Hazel herself professes to detest.
>
> *Josh Boone, 126 minutes, starring: Shailene Woodley, Ansel Elgort, Laura Dern, Willem Dafoe.*
>
> Available at: <www.independent.co.uk/arts-entertainment/films/reviews/the-fault-in-our-stars-review-schmaltzy-teen-drama-disappoints-9547893.html>. Accessed on June 20, 2014.

a According to the review, what kind of movie is *The Fault in Our Stars*?

b Who's the lead character and how does the reviewer describe her?

c What's the plot of the movie?

d What does the reviewer think about the movie?

Film review

2 Leia as dicas e complete a cruzadinha com os elementos de um filme que podem ser analisados em uma resenha.

a The person who designs the clothes the characters' wear.
b All the music that play throughout a movie.
c The sequence of scenes, dialogues, and character appearances in the movie.
d The place where scenes are shot.
e The person who gathers the money needed to make a movie.
f The group of actors in a movie.

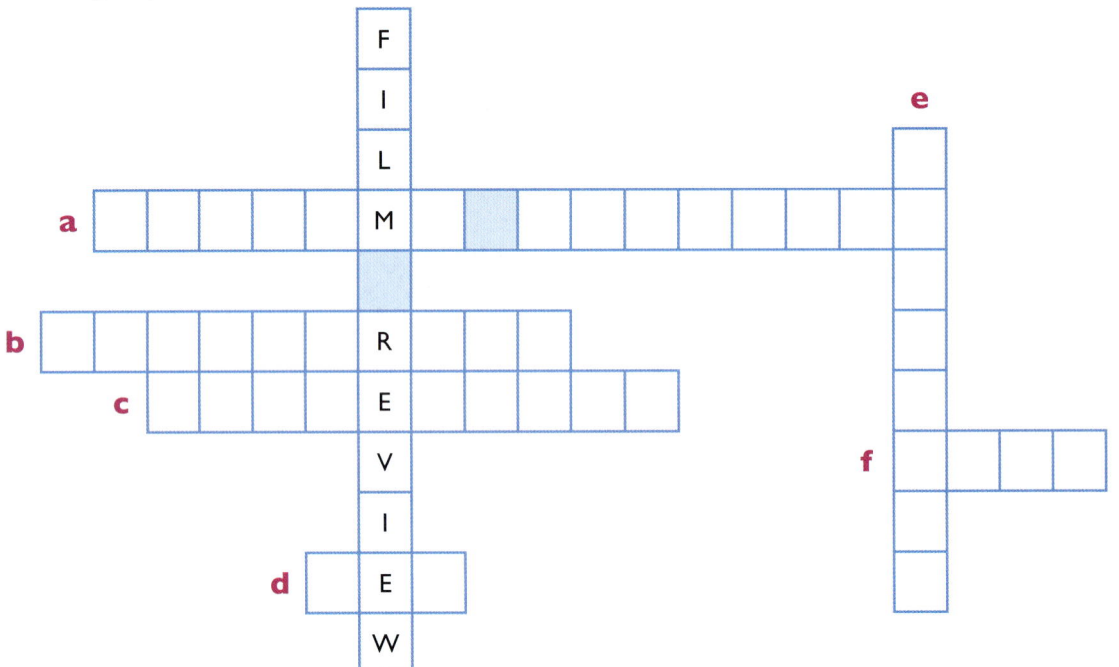

Film review

3 Ao fazer análises críticas, é comum que o resenhista utilize adjetivos para qualificar o filme positiva ou negativamente. Leia a resenha abaixo e complete-a com as expressões adjetivas do quadro.

| child's imagination | encouraging movie | honest look | impressive movie |

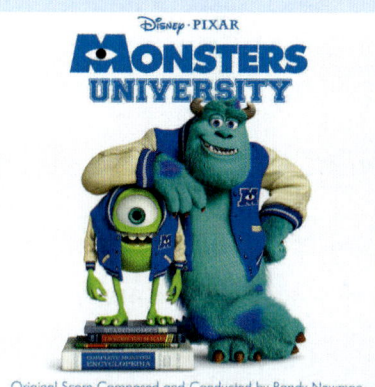

Monsters University is a wholeheartedly _____ that takes a subject from the wonders of a _____ and injects it with a truthful examination on failed dreams and the meaning of friendship. [...]

It's a brave stance to take in a kid friendly movie that is opposite of the "you can be whatever you want to be" message so many kids are exposed to these days. It may even seem like a negative stance, but the opposite turns out to be true. Although the movie takes an _____ at failed dreams and shows that life sometimes doesn't work out the way you had planned, it's ultimately a hopeful and _____ because it shows that other skills can lead to happiness and success.

Adapted from: <http://joshhylton.com/reviews/tag/john-krasinski>. Accessed on June 21, 2014.

Beyond the text

A resenha é uma forma de convidar os leitores a assistir a um filme. Pesquise, na Internet ou em jornais e revistas, resenhas de filmes em cartaz ou que tenham sido lançados este ano. Leia algumas delas sobre aqueles filmes cujo estilo ou gênero são de seu interesse. Procure encontrar resenhas que destaquem aspectos negativos desses filmes.

Escolha um dos filmes pesquisados e o assista. Você pode combinar de ir ao cinema com amigos ou familiares; assisti-lo pela Internet; alugá-lo e vê-lo em sua casa; ou comprá-lo em alguma TV a cabo, caso seja assinante.

Depois de assistir ao filme, acesse novamente o(s) *site*(s) onde você encontrou a resenha que o fez escolher o filme e deixe seu comentário em forma de resenha, concordando ou discordando da análise do resenhista. Caso tenha lido a resenha em jornais ou revista, procure nas páginas iniciais o *e-mail* ou o endereço para correspondência do editorial e envie sua resenha sobre o respectivo filme. Não se esqueça de usar exemplos do próprio filme para fundamentar seus argumentos.

Labels and packaging

BEFORE THE VIDEO

O QUE É?

O rótulo é um gênero textual que representa a identidade visual dos produtos e oferece informações importantes, de maneira objetiva, para o consumidor. Ele é um dos canais de comunicação entre o fabricante do produto e seus consumidores. Em geral, é composto de linguagem verbal e visual que identifica o produto contido na embalagem e a empresa fabricante.

EM QUE MEIO É DIVULGADO?

O meio de divulgação dos rótulos são os próprios produtos. Eles podem ser oferecidos em diferentes materiais, como papel, plástico, papelão, isopor etc. É comum que apresentem cores fortes e atrativas, além de imagens e letras em destaque, para chamar a atenção do consumidor e facilitar a identificação do produto em meio a tantos outros nas prateleiras dos estabelecimentos comerciais.

COMO SE ESTRUTURA?

Há regras de rotulagem específicas para cada grupo de produtos (alimentos, eletrônicos, brinquedos etc.), que são estabelecidas e fiscalizadas por agências e órgãos reguladores em cada país, com o objetivo de garantir informações completas e seguras aos consumidores. Entretanto, há alguns elementos que são comuns em grande parte dos rótulos e costumam ser mais observados pelos comerciantes e compradores. São eles:

Nome (*Name*): identifica o produto.

Marca (*Brand*): representa o fabricante do produto.

Peso/volume/quantidade (*Weight/volume/quantity*): indica a quantidade do produto oferecida na embalagem.

Data de validade (*Expiration date*): informa a data máxima até a qual o produto pode ser consumido.

Código de barras (*Bar code*): é como se fosse o RG, a identidade do produto, pois apresenta suas principais informações por meio da linguagem binária associada a números. O código de barras foi desenvolvido nos Estados Unidos, nos anos 1970, para facilitar o atendimento nos estabelecimentos comerciais. Atualmente, seu uso mais comum por parte dos consumidores é para consultar o preço dos produtos.

Ingredientes/componentes (*Ingredients/components*): lista os principais elementos utilizados na fabricação do produto.

Tabela nutricional (*Nutritional facts*): discrimina os nutrientes contidos em uma porção do produto.

Número do lote (*Batch number*): auxilia os fabricantes e vendedores a controlar os produtos vendidos.

Dados do fabricante/distribuidor/importador (*Manufacturer/distributor/importer details*): informa nome, endereço, telefone,

Labels and packaging

e-mail, *site* etc. do responsável pelo produto no país em que é comercializado.

Informações adicionais (*Extra information*): explica como armazenar ou preparar o produto; destaca elementos presentes ou ausentes em sua composição (sem lactose, sem glúten, com amoníaco, com aloe vera etc.); informa características do processo de fabricação (orgânico, pasteurizado, artesanal, entre outros); indica a voltagem em que o produto funciona (110V/220V) etc.

Veja um exemplo de rótulo a seguir.

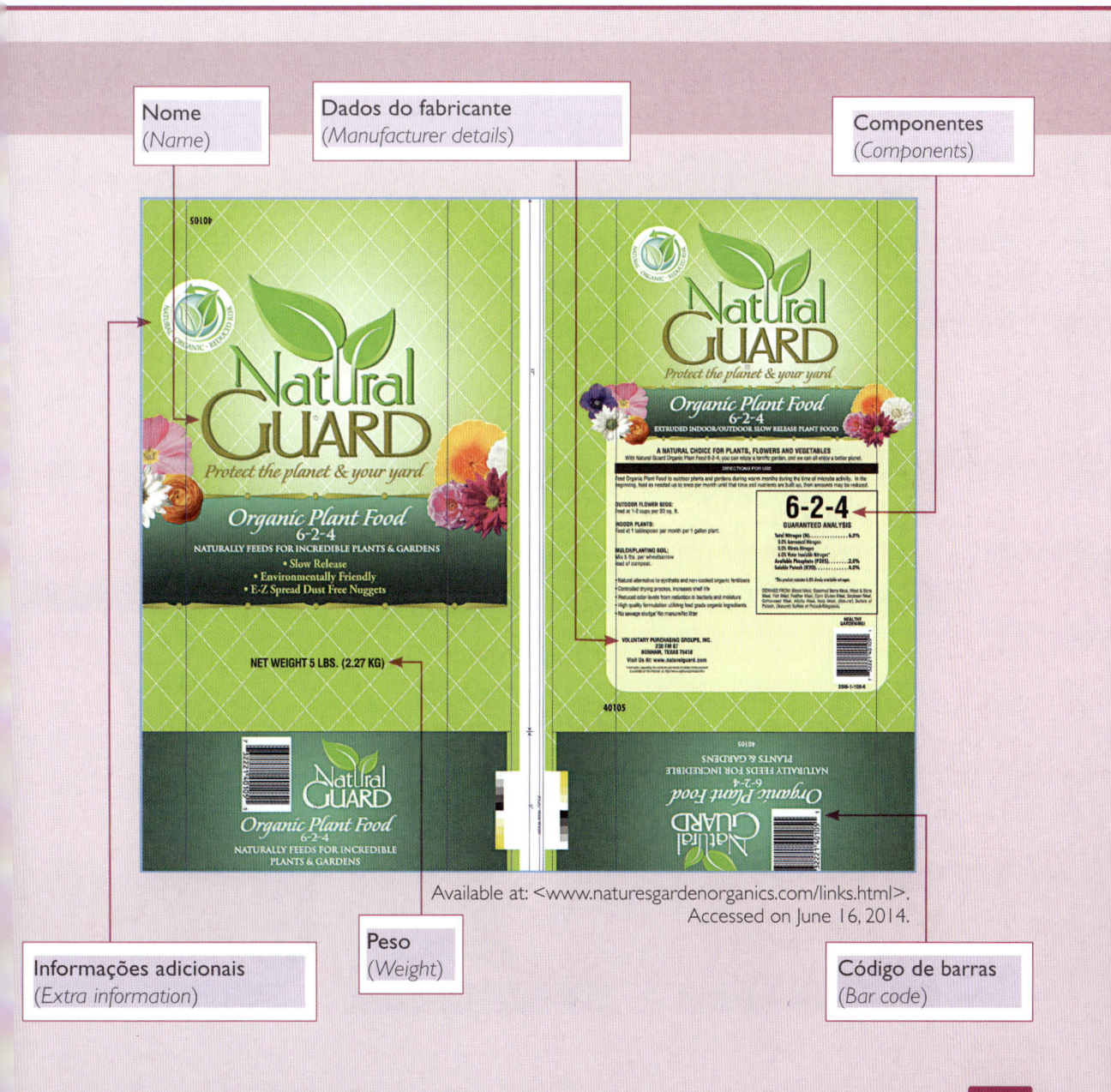

Nome (*Name*)

Dados do fabricante (*Manufacturer details*)

Componentes (*Components*)

Available at: <www.naturesgardenorganics.com/links.html>. Accessed on June 16, 2014.

Informações adicionais (*Extra information*)

Peso (*Weight*)

Código de barras (*Bar code*)

Labels and packaging

WHILE THE VIDEO IS PLAYING

1 Responda às perguntas sobre o vídeo.

   a Who are the characters in the video?
   _____

   b Where are they at the beginning of the video?
   _____

   c Why are they meeting?
   _____
   _____

   d What does Robert complain about?
   _____

   e What do they decide to do after the meeting?
   _____

2 Assinale a resposta correta para cada pergunta.

   a What's the first product the characters decide to buy at the supermarket?

   | ☐ Beans | ☐ Rice | ☐ Corn |

   b Why did they want to buy that particular type of rice?
   - ☐ Because it doesn't turn into soup after cooked.
   - ☐ Because it contains less carbohydrate.
   - ☐ Because it doesn't get sticky after cooked.

   c What's the next product they buy?

   | ☐ Breakfast cereal | ☐ Wafers | ☐ Potato chips |

Labels and packaging

3 Complete as falas dos personagens sobre a necessidade de escolher alimentos saudáveis.

A: Are we going to buy some _____?

B: Sure, but let's buy _____ ones, OK? I don't want to eat snacks full of _____, _____, salt, or _____.

C: No problem, Michael, we can _____ the _____ on the back of the _____.

4 Procure no caça-palavras o nome de oito nutrientes em inglês que são indicados na tabela nutricional da embalagem apresentada no vídeo.

L	X	L	A	B	U	M	E	T	A	M	I	J	V
S	C	S	P	O	T	A	S	S	I	U	M	M	I
E	A	T	U	D	X	D	E	L	V	R	O	L	T
P	L	T	Q	R	S	R	T	N	D	C	T	R	A
R	C	L	U	Q	P	A	R	Q	E	S	N	E	M
E	I	L	K	R	U	D	A	U	F	U	A	G	I
R	U	R	J	E	A	Y	N	I	D	G	G	R	N
F	M	G	R	S	C	T	Z	D	T	A	F	W	C
R	A	B	U	B	P	I	E	A	S	R	E	S	V
E	S	A	E	N	I	I	I	D	V	S	T	A	L
G	U	N	O	U	S	C	E	H	F	S	L	Y	U
L	S	O	Q	I	M	O	W	J	R	A	R	N	B
P	R	O	T	E	I	N	R	S	C	E	T	C	L
N	T	N	D	A	H	T	B	J	L	R	E	Z	E
U	Y	A	J	O	J	N	I	A	S	S	R	A	I
L	C	H	O	L	E	S	T	E	R	O	L	A	N
M	I	E	R	X	Z	O	P	R	T	R	I	P	L
F	I	T	L	C	L	S	O	D	I	U	M	O	U
O	B	D	I	G	U	R	C	T	N	D	O	N	O

Labels and packaging

5 Ordene as letras e forme o nome dos produtos que aparecem no vídeo.

| A — ARB PASO | B — SOHAMOP | C — RAGLUTRIP ARZOR |

_____   _____   _____

6 Complete as frases de acordo com o trecho final do vídeo.

a Michael tells his friends that there are _____ on the package with a lot of _____ information.

b To complete their shopping, they need to buy dishwashing _____, a _____, and _____.

c Michael asks Robert to check on the packaging whether the washing powder is _____.

d Robert calls his friend Michael an _____ knight in his shining armor.

e Robert wants to buy a detergent because the label says it is _____ and _____.

7 Observe a cena final do vídeo e explique por que Andrew e Michael dizem que Robert tem muito o que aprender.

_____
_____
_____
_____
_____
_____

Labels and packaging

AFTER THE VIDEO

1 Observe o rótulo a seguir e relacione os elementos que o compõem às imagens correspondentes.

Available at: <www.coroflot.com/lenorewetzel/Giant-Eagle-Inc>. Accessed on: June 16, 2014.

a
b
c
d
e

☐ weight
☐ manufacturer detail
☐ product name

☐ extra information
☐ product brand

2 Responda às perguntas sobre o rótulo do exercício anterior.

a What does the manufacturer guarantee?

_____

b Who is that product targeted at?

_____

c What are the three fruit juices used in this product, according to the ingredients?

_____

Labels and packaging

3 Interprete os símbolos abaixo, comuns em rótulos de embalagens para orientar sobre sua reciclagem, e escreva que componente eles representam.

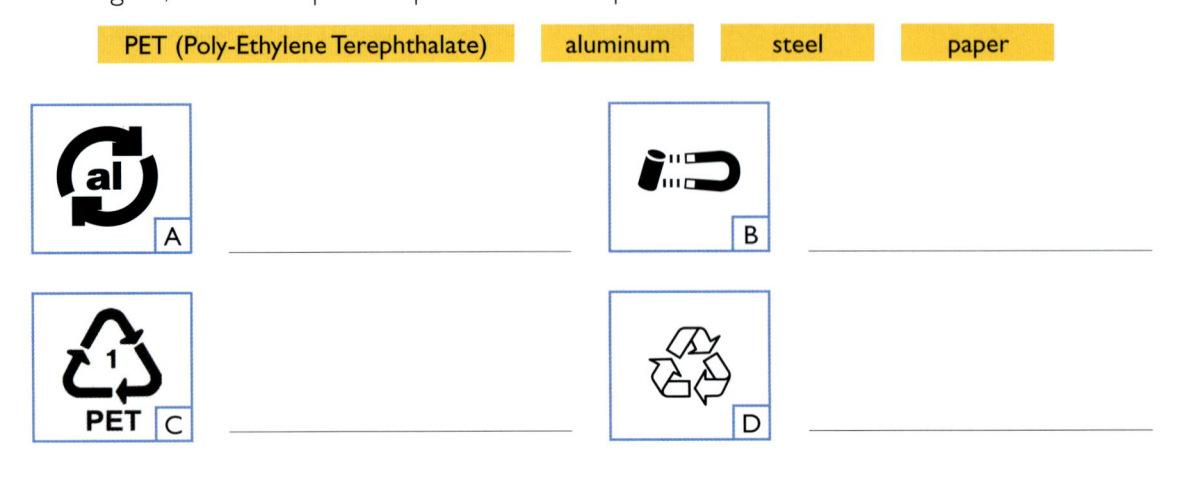

`PET (Poly-Ethylene Terephthalate)`   `aluminum`   `steel`   `paper`

A. _____

B. _____

C. _____

D. _____

4 Observe as imagens dos produtos abaixo e complete a cruzadinha com o nome do tipo de embalagem em que eles geralmente são vendidos.

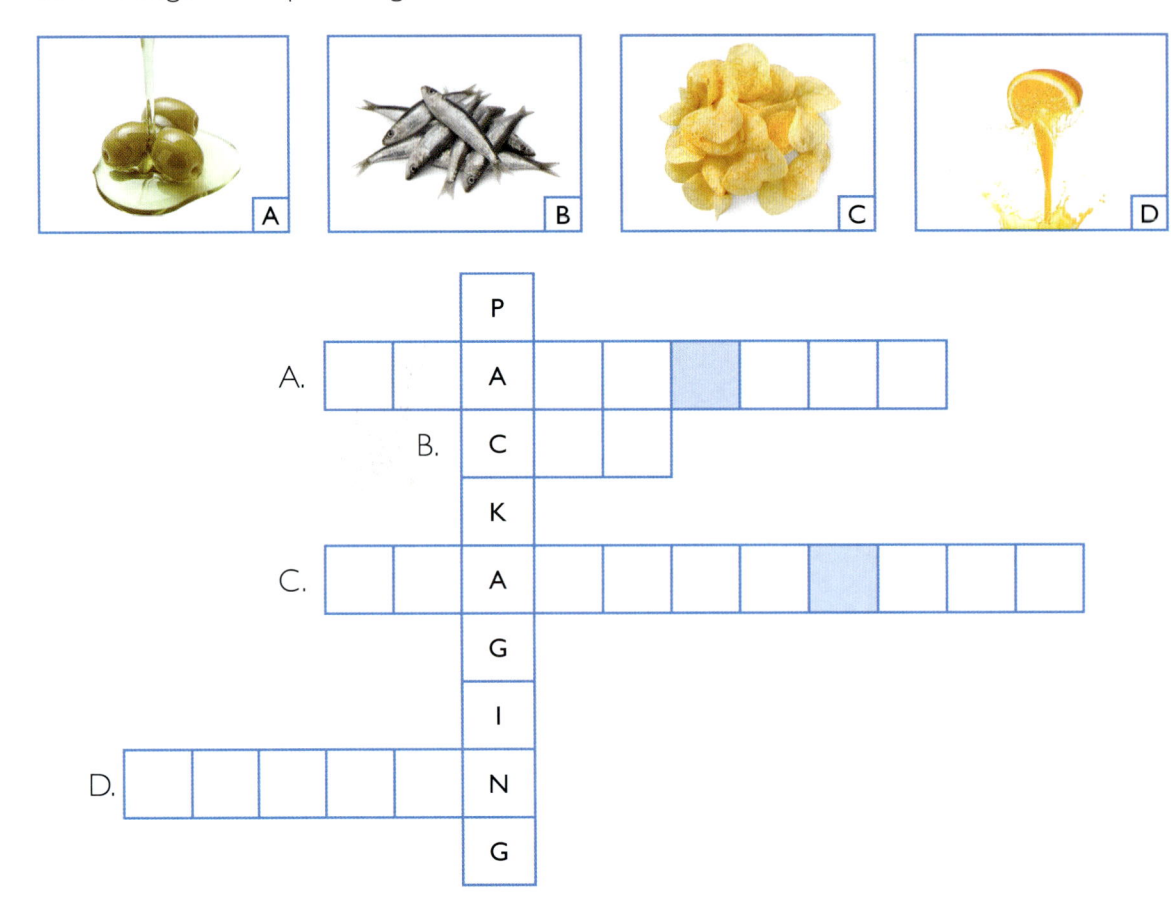

A.   B.   C.   D.

```
            P
A. _ _ A _ _ _ _ _
         B. C _ _
            K
      C. _ _ A _ _ _ _ _ _
            G
            I
D. _ _ _ _ _ N
            G
```

136

Labels and packaging

5 Leia as pistas e escreva em que parte do rótulo encontramos as seguintes informações.

a The company responsible for the product in a country where it is sold: _____
_____ details.

b Elements used to make the product: _____

c Date before which the product can be used: _____

d How much of the product the package contains: _____

e Nutrients found in the product: _____

f The price of the product, should it not be found on the shelf: _____

Beyond the text

Pense em algum produto que você gostaria que existisse. Crie uma imagem no computador ou à mão livre para representar esse produto. Em seguida, pense no tipo de embalagem mais adequado para oferecê-lo e, por fim, crie um rótulo para ele. Ao elaborar o rótulo, não se esqueça de incluir os principais elementos desse gênero, os quais você estudou nesta unidade. A definição desses elementos o ajudará a pensar de maneira mais clara na concepção de seu produto. Veja alguns dados que não podem faltar no rótulo:

- Nome do produto
- Marca
- Dados do fabricante
- Peso/volume/quantidade
- Tabela nutricional (se for alimento)
- Voltagem (se for um eletroeletrônico)
- Ingredientes/componentes utilizados na fabricação
- Código de barras
- Data de validade (se for um produto perecível)
- Informações adicionais (se é novo, se economiza energia, se é *diet*, se é frágil etc.)
- Símbolo que oriente o consumidor sobre o descarte e a reciclagem da embalagem, de acordo com o material com o qual ela é fabricada (papel, alumínio, vidro etc.)

Advertisement Answer key

Page 12

Exercise 1

B (✗) Wait a minute... That's not my bike!

Exercise 2

Page 13

Exercise 3

a (✗)   f (✗)
c (✗)   g (✗)
d (✗)

Exercise 4

G	L	L	A	B	U	M	E	T	A	I	E
P	M	S	Q	A	S	P	N	K	W	L	N
N	R	I	U	M	O	D	E	L	H	O	D
O	P	O	J	R	S	R	T	N	Y	T	I
P	R	L	D	T	P	A	R	Q	E	N	C
R	E	L	K	U	E	D	A	U	A	A	A
G	R	O	J	E	C	F	N	I	R	G	R
E	F	G	R	S	C	T	M	D	B	F	G
A	R	U	D	A	H	T	I	S	F	E	H
R	E	A	E	N	I	I	N	I	T	S	S
S	G	N	O	U	S	C	E	H	F	L	E
Z	A	T	L	I	M	O	N	J	L	O	L
T	R	R	N	U	A	X	T	E	L	A	V
Y	U	R	T	N	N	N	O	S	I	R	E
I	B	R	A	N	D	A	S	M	K	Y	G
B	O	D	I	G	U	R	C	T	N	O	R

Answer key | Advertisement

Page 14

Exercise 5

a To catch the customer's eye.
Chamar a atenção do comprador.

b To raise the customer's interest in the product.
Para despertar o interesse do comprador pelo produto.

c It should make the costumer want to buy the product.
Ele deve fazer o comprador querer comprar o produto.

d Because his friend has created a misleading advertisement.
Porque seu amigo criou um anúncio enganoso.

e Possible answer: That a misleading advertisement is against the law.
Resposta possível: Que um anúncio enganoso é contra a lei.

Exercise 6

(b)
(e)
(a)
(c)
(d)

Page 15

Exercise 1

A Radio
B Newspaper
C Television
D Internet
E Magazine

Exercise 2

a False
b False
c True
d True
e False
f True
g True

Page 16

Exercise 3

a Informs the website address. (C)
b Shows a telephone number. (A), (C)
c Presents the brand's logo. (A), (B)
d Requests the audience's contribution. (C)
e Promotes a product. (B)
f Offers discounts for certain groups of customers. (A)
g Promotes a service. (A)
h Emphasizes images. (B), (C)
i Offers a special deal. (B)
j Gives detailed information. (A)
k Reveals the main idea behind an advertising campaign. (C)

Page 17

Exercise 4

A The moment of adventure has come
B You can save on insurance
C Check out our bestsellers
D Are you looking for the ideal scent?

Newspaper article — Answer key

Page 20

Exercise 1

a In an editorial office.
Em um editorial de jornal.

b Both experienced and aspiring journalists.
Tanto jornalistas experientes como aspirantes.

c A computer.
Um computador.

Exercise 2

a (X) serious
b (X) difficult.
c (X) go out into the streets in search of a topic and write an article.
d (X) he wants to assess their potential for the profession.

Page 21

Exercise 3

A newspaper article should…
use formal language.
usar a linguagem formal.
be clear.
ser claro.

A newspaper article should not…
use colloquial language.
usar linguagem coloquial.
use jargon and slang.
usar jargões e gírias.
use unnecessary phrases.
usar frases desnecessárias.

Exercise 4

a (A)
b (A)
c (B)
d (A)
e (B)
f (A)
g (B)

Page 22

Exercise 5

a (F)
b (T)
c (F)
d (F)
e (T)

Exercise 6

Possible answer: Because time has gone by and

Answer key | **Newspaper article**

the former aspiring journalists have become experienced professionals who now help other aspiring journalists.
Resposta possível: Porque o tempo passou e os aspirantes a jornalista se transformaram em profissionais experientes que agora passaram a ajudar outros aspirantes à carreira de jornalismo.

Page 23

Exercise 1
- (**a**) Health
- (**b**) Politics
- (**f**) Business
- (**d**) Sports
- (**e**) Environment
- (**c**) Technology

Exercise 2

A Possible answer: Bank holiday ends in accidents and deaths.
Resposta possível: Feriado termina com acidentes e mortes.

B Possible answer: Seeing is believing: he made it!
Resposta possível: Ver para crer: ele chegou lá!

C Possible answer: Protest and attacks in the early hours of the day.
Resposta possível: Protestos e atentados durante a madrugada.

Pages 24 and 25

Exercise 3

a Possible answer: A doctor describes how "the pain must have been intense, for he actually chose to walk away from the game and chose to play Barbie with his sister, whom he tolerates at best."
Resposta possível: Um médico descreve como "a dor pode ser intensa, pois ele de fato escolheu sair da frente do jogo e foi brincar de Barbie com sua irmã, a quem ele apenas suporta, na melhor das hipóteses."

b Mona Chalabi, a journalist, is the author of this text.
A autoria do artigo é de Mona Chalabi, uma jornalista.

c The latest diagnosis presented by *The Lancet*, a medical journal.
O último diagnóstico apresentado pelo jornal da área médica, *The Lancet*.

d Possible answer: It shows people using technological devices, to examplify some injuries caused by technology.
Resposta possível: Ela mostra pessoas usando aparelhos tecnológicos para exemplificar a tecnologia como causa de novas doenças.

e Possible answer: A graph with statistical data that supports the claims made in the article and confers credibility to the information shared by the journalist.
Resposta possível: Um gráfico com dados estatísticos que confirmam o fato apresentado no artigo e conferem maior credibilidade à informação dada pelo jornalista.

Blog Answer key

Page 28

Exercise 1

Ana is surfing the Internet on her cell phone and finds a picture of some clothes she really loves. She decides to share the photos and talks to her friend Martha. Martha is very busy trying to post a picture of her kittens on her laptop, but she becomes interested in the clothes and asks Ana where she saw them. The girl can't say exactly where she found that picture, but she says it must be from a professional website, judging by the quality of the image.

Exercise 2

C (X)

Page 29

Exercise 3

a (X)
d (X)
e (X)
g (X)

Exercise 4

a Martha.
b B (X)
c Pink, purple, blue, green, and yellow.
Rosa, roxo, azul, verde e amarelo.
d To a diary.
Com um diário.

Page 30

Exercise 5

(b)
(f)
(d)
(a)
(e)
(c)

Exercise 6

And, when you're a beginner blogger, there's nothing better than having people evaluating your writing. That's how you'll know if you are doing well or not. The more people visiting your blog the better, because you'll know if people like what you write.

Page 31

Exercise 1

(F)
(C)
(D)
(A)
(E)
(B)

Page 32

Exercise 2

142

Answer key | Blog

G	L	L	A	Z	U	M	E	T	A	I	E
W	M	S	Q	P	S	P	N	K	E	L	N
V	I	Y	U	L	R	V	I	D	O	O	D
O	P	C	J	A	S	R	T	N	Q	T	I
P	R	L	K	T	P	A	R	Q	E	E	C
R	E	L	P	F	E	D	A	C	H	X	A
M	R	Y	J	O	O	F	N	O	A	T	R
I	F	G	R	R	S	N	M	M	B	F	G
R	R	U	D	M	H	T	E	M	R	E	H
N	E	A	E	D	I	I	E	I	T	S
A	G	N	O	U	S	C	E	N	A	L	E
Z	A	T	O	O	L	S	N	T	G	R	L
T	R	R	N	W	A	X	T	S	O	A	O
Y	U	R	T	N	N	N	O	S	I	R	E
I	P	I	C	T	U	R	E	M	A	Y	C
B	O	D	I	G	U	R	V	I	D	E	O

Exercise 3

    a (X) Toolbar.

    b (X) The sidebar.

    c (X) Videos published on the blog.

    d (X) In the header.

Page 33

Exercise 4

    a (T)

    b (F)

    c (F)

    d (T)

    e (T)

    f (F)

    g (T)

Chat Answer key

Page 36

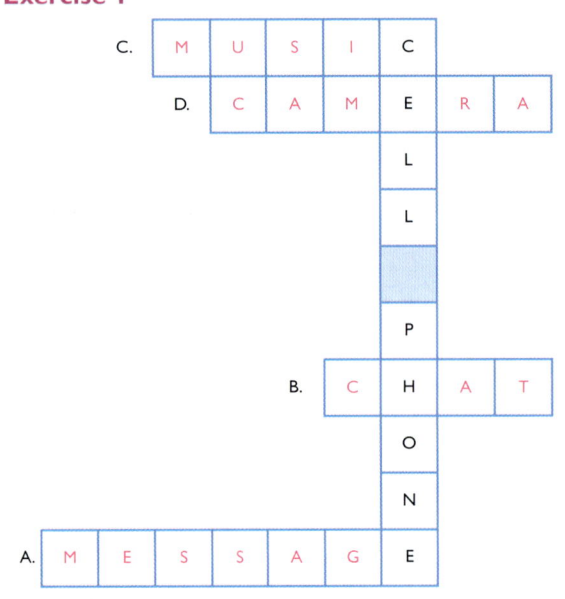

Exercise 1

	C.	M	U	S	I	C		
	D.	C	A	M	E	R	A	
				L				
				L				
				P				
	B.	C	H	A	T			
				O				
				N				
A.	M	E	S	S	A	G	E	

Exercise 2

a The girls are thinking about what gift **to give** their mother for her **birthday** next week.

b They believe a **cell phone** would be a good gift for their mother to live in the **modern** world and **understand** the girls a little better.

c The gift comes as a surprise to the mother and she worries that she will have to **learn** how to use the **cell phone**.

d The girls reassure their mother that it's not so **hard** to use a cell phone and that it's **time** she learned how to use one.

Page 37

Exercise 3
c (×)

Exercise 4
(d)
(c)
(a)
(b)

Page 38

Exercise 5

a Because she writes long sentences and doesn't use abbreviations.
Porque ela escreve frases longas e não usa abreviações.

b To teach her that it's easier and faster to text when you use shorten words.
Para ensiná-la que, abreviando palavras, é mais fácil e rápido escrever mensagens no celular.

c Because she worries that her daughters will use abbreviations in their school assignments too.
Porque ela se preocupa que suas filhas usem abreviações nas atividades escolares também.

d The news that they got a 10 on their English tests.
A notícia de que elas tiraram 10 na prova de inglês.

Exercise 6
(d)   (a)   (b)   (c)

Answer key | Chat

Page 39

Exercise 1
a (×) short.
b (×) informal language.
c (×) online communication.
d (×) they're fast and easy to type.

Exercise 2

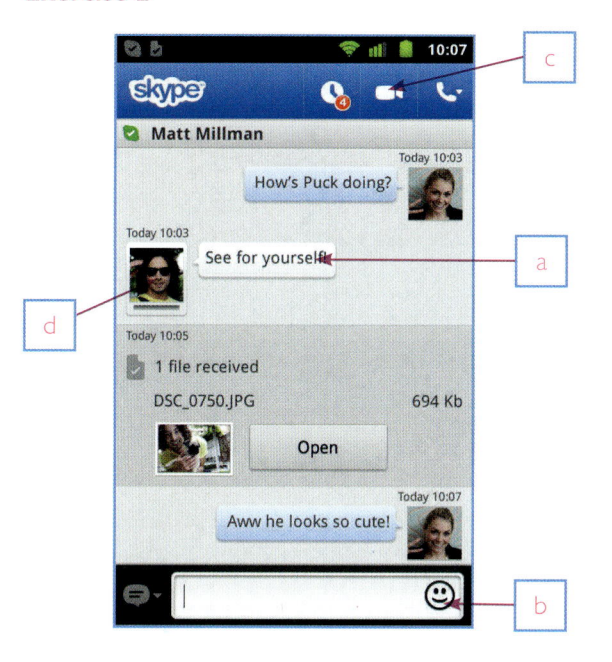

c — (camera icon)
a — See for yourself
d — (profile picture)
b — (smiley/emoticon)

Page 40

Exercise 3
a tired
b confused
c laughing
d unhappy

Exercise 4

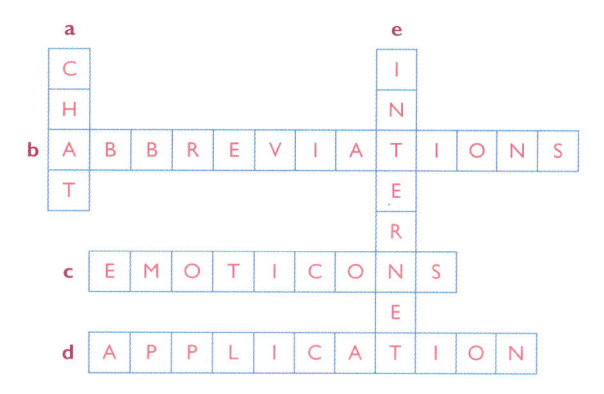

	a						e			
	C						I			
	H						N			
b	A	B	B	R	E	V	I	A	T	I	O	N	S
	T						E			
							R			
c	E	M	O	T	I	C	O	N	S	
							E			
d	A	P	P	L	I	C	A	T	I	O	N

Page 41

Exercise 5
(e)
(c)
(a)
(b)
(d)

Fable Answer key

Page 44

Exercise 1
- **a** (X) In the bedroom.
- **b** (X) She is lying on the floor.
- **c** (X) On her cell phone.
- **d** (X) That she needs to write a fable for her next Literature class.
- **e** (X) Before she goes to bed.

Exercise 2
- **a** A La Fontaine B Aesop
- **b** Possible answer: Both of them were famous fable writers, La Fontaine in France and Aesop in ancient Greece.

   Resposta possível: Os dois foram importantes fabulistas, La Fontaine na França e Esopo na Grécia Antiga.

Page 45

Exercise 3
- **a** Aesop
- **b** La Fontaine
- **c** Aesop
- **d** Aesop
- **e** La Fontaine
- **f** Aesop and La Fontaine

Exercise 4

The girl wakes up from her dream when the alarm clock rings. She thinks it is strange to think of animals that talk like people, but she realizes that the dream has helped her understand what a fable is. As she thinks through all the things that happened in her dream, she arrives at the conclusion that it is like a story because it is a short text, but it has to be a fantasy and have a moral at the end.

Page 46

Exercise 5
- A (4)
- B (7)
- C (5)
- D (1)
- E (3)
- F (6)
- G (8)
- H (2)

Answer key | Fable

Exercise 6
- **a** (1)
- **b** (8)
- **c** (4)
- **d** (7)
- **e** (2)
- **f** (5)
- **g** (3)
- **h** (6)

Page 47

Exercise 1

a Time and setting are not specified in this fable.
Não são mencionados com precisão o tempo e o ambiente desta fábula.

b The Hare was proud and arrogant, he felt superior to everyone else.
A lebre era vaidosa e convencida, sentindo-se superior a todos.

c Because he was so sure of his victory that he decided he could afford to take a nap. In the end, he slept so soundly that he didn't realize the Tortoise had caught up with him and won the race.
Porque ela estava tão certa da vitória que resolveu tirar uma soneca. No final das contas, acabou dormindo tanto que não percebeu quando a tartaruga passou à sua frente e venceu a corrida.

d We should never give up. We should trust that we will achieve our goals. Slowly but surely one always reaches the finish line.
Não devemos desistir nunca. Devemos sempre acreditar que vamos alcançar nossos objetivos, devagar se vai ao longe.

Exercise 2
- **a** (5)
- **b** (3)
- **c** (1)
- **d** (6)
- **e** (7)
- **f** (2)
- **g** (4)

Page 48

Exercise 3

a (X)

(X)

b (X)

c (X) Trying to trick someone else.

d (X) That we shouldn't judge what a stranger says only by appearances.

Page 49

Exercise 4

a, d, c, e, b

Flyer Answer key

Page 52

Exercise 1
(3)
(5)
(1)
(7)
(4)
(6)
(2)

Exercise 2
(C) Bass player
(B) Lead singer
(A) Drummer
(D) Guitarist

Page 53

Exercise 3
a The bass player.
A baixista.
b To replace a band that dropped out.
Porque uma das bandas desistiu do festival e eles foram colocados no lugar.
c The drummer.
O baterista.
d Because all the festival publicity had already been printed, and they wanted to promote their band.
Porque todo o material de divulgação do festival já estava impresso e eles queriam divulgar sua banda.

Exercise 4
a (X) 10 cm x 15 cm.
b (X) two hundred copies.
c (X) the price of the tickets.
d (X) by handing them out to people.

Page 54

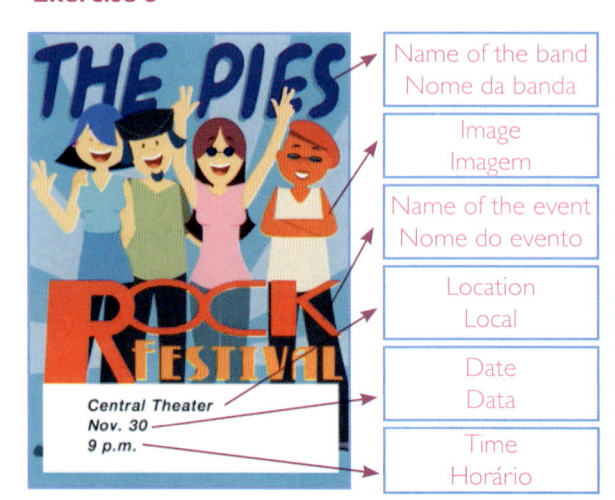

Exercise 5

- Name of the band / Nome da banda
- Image / Imagem
- Name of the event / Nome do evento
- Location / Local
- Date / Data
- Time / Horário

Answer key | Flyer

Exercise 6

Guitarist: Guys, we did what we could. We rehearsed really hard and now it's time to have some fun! Let's give a great concert!

Drummer: Do you think that our promotion worked?

Lead singer: I don't want to think about it now.

Bass player: I think I'll turn my back to the audience not to see the emptiness of the theater.

Guitarist: Oh my God!

Lead singer: WOW!

Bass player: What are we going to do now?

Drummer: Now we'll play and do our best.

Lead singer: Yeah!

Page 55

Exercise 1

a A flu vaccination campaign.
   Sobre uma campanha de vacinação contra a gripe.

b Students.
   Alunos.

c Everyone 6 months of age and older.
   Todos a partir de seis meses de idade.

d Once a year and it's free.
   Uma vez por ano e a vacina é gratuita.

e The Student Health Services at the University of South Florida.
   O Serviço de Saúde do Estudante da Universidade do Sul da Flórida.

Exercise 2

a (×)
c (×)
e (×)
f (×)
i (×)

Page 56

Exercise 3

a This flyer promotes a spring festival.
b This event is free.
c This event will provide entertainment for the whole family.
d It will take place on Saturday, May 7th.
e The flyer requests that participants donate a nonperishable item.
f There will be ice cream and hot dogs to eat.
g There will be two activities involving animals at the event: pony rides and a petting zoo.

Page 57

Exercise 4

a target audience
b location
c headline
d date
e time
f sponsors

Comic book Answer key

Page 60

Exercise 1
b (X) The boys fight because they want to see different programs on TV.

Exercise 2
Order of the pictures
(3)
(1)
(2)

Order of the sentences
a (2)
b (1)
c (3)

Page 61

Exercise 3
a fit / page
b plot
c plot / summarizes
d pages / frames

Exercise 4
a (T)
b (T)
c (F)
d (F)
e (F)
f (T)

Page 62

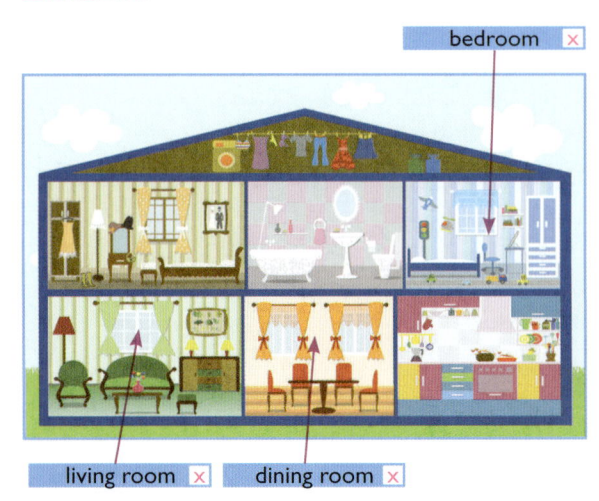

Exercise 5

bedroom
living room
dining room

Answer key | **Comic book**

Exercise 6

a He wants to know how his brother knew all that about comic books.
Ele quer saber como seu irmão sabia tudo aquilo sobre histórias em quadrinhos.

b Music, soccer and going out with his friends.
Música, futebol e sair com os amigos.

c He has a closet full of comic books.
Ele tem o guarda-roupa cheio de gibis.

Page 63

Exercise 1

a It's a thought bubble, because the text is inside a bubble shaped as a cloud.
É um balão de pensamentos porque o texto está dentro de um balão que tem formato de nuvem.

b Because the characters are pets and they don't speak like humans.
Porque os personagens são animais de estimação que, na realidade, não falam como os seres humanos.

c Yes, there is. It's "click", which stands for the sound of a button being pressed in any electronic appliance.
Sim, a onomatopeia é "clique" e indica o som de quando pressionamos o botão de algum aparelho eletrônico.

Page 64

Exercise 2

a SCRIPT
b FRAME
c CHARACTERS
d BUBBLE
e ILLUSTRATION

Exercise 3

A (f)
B (e)
C (d)
D (b)
E (a)
F (c)

Page 65

Exercise 4

A Suggested answer: Car accident, an object being broken.
Sugestão de resposta: Batida de carro, um objeto sendo quebrado.

B Suggested answer: Sound of something falling into liquid.
Sugestão de resposta: Som de algo caindo em um líquido.

C Suggested answer: Explosion.
Sugestão de resposta: Explosão.

D Suggested answer: Surprise or fear.
Sugestão de resposta: Expressão de surpresa ou de susto.

Invitations Answer key

Page 68

Exercise 1

a She feels it's not "her" to word the invitation "We, the parents of the graduate students, would like to invite you to…".
Ela pensa que escrever "Nós, os pais dos graduandos, gostaríamos de convidá-lo para..." não a representa.

b For a graduation party.
Para uma festa de formatura.

c To a wedding invitation.
A um convite de casamento.

d They decide to write: "We, the graduate students, would like to invite you to…"
Elas decidem escrever: "Nós, os graduandos, gostaríamos de convidá-lo para..."

Exercise 2

Page 69

Exercise 3

a Hope Club
b night
c Saturday
d address
e send
f time

Exercise 4

Suggested answer: The first contact people will have with our party will be through the invitation. It's the invitation's design which will tell our guests what they can expect from our party.

Page 70

Exercise 5

a (B)
b (C)
c (A)
d (C)
e (A)
f (B)

Answer key | Invitations

Exercise 6
b (X) The three girls were standing.
d (X) The flowers in the vases on the tables are orange.
e (X) The African-American girl is wearing a green dress.

Page 71
Exercise 1
A (b)
B (d)
C (a)
D (b)
E (c)
F (e)

Page 72
Exercise 2
a proud / graduate
b request / presence
c party / pillow
d egg hunt / bring
e honor / wedding
f surprise / birthday

Exercise 3
a venue
b date
c guests
d host

U	V	E	N	U	E	E
S	P	N	K	G	E	A
L	D	U	L	O	H	Q
H	E	S	D	Z	O	U
P	A	R	Q	A	S	O
E	G	U	E	S	T	S
O	F	N	H	A	H	E

Page 73
Exercise 4
a For a kitchen tea.
Para um chá de cozinha.

b For Chelsea, the bride-to-be.
Para Chelsea, a noiva.

Lists Answer key

Page 76

Exercise 1
A Mark
B Paul
C Ralph
D Tom

Exercise 2
a (T)
b (F)
c (F)
d (F)
e (T)
f (F)
g (T)

Page 77

Exercise 3
a (M)
b (P)
c (R)
d (M)
e (T)
f (M)

Exercise 4
a They are making a barbecue.
  Eles estão fazendo um churrasco.

b They forgot to invite the girls.
  Eles se esqueceram de convidar as meninas.

c Tom's.
  Do Tom.

d Paul explains to the boys that, when you organize a barbecue, you must make a guest list.
  Paul explica aos rapazes que, quando se organiza um churrasco, é preciso fazer uma lista de convidados.

e He says, "There you go again…"
  Ele diz: "Lá vem você de novo…"

Page 78

Exercise 5
Paul: I told you to make a guest list, a list of things we'd need for the barbecue, and a task list…
Ralph: I think we'd better write this down!
Tom: Could you explain to us again what we should do?
Paul: First, we have to think about the guests, then about the food and drinks, and, lastly, what each of us is going to do in order to prepare the barbecue.

Answer key | Lists

Mark: Got it, Tom? That's why we need to make lists!
Tom: I got it... I guess we'll have to remember this for our next barbecue!

Exercise 6
a Guest
b Girls
c Utensils
d Task list

Exercise 7
All right, since it's going to be just the four of us... what about playing video games?

Page 79
Exercise 1
a It's of the five movies with the most Golden Globe nominations in 2014.
   É sobre os cinco filmes com mais indicações ao Globo de Ouro em 2014.

b By the total number of nominations they've received.
   Pelo número total de indicações que receberam.

c *American Hustle* would be the first and *Nebraska* would be the last.
   O primeiro seria *American Hustle* (Trapaça), e o último, *Nebraska*.

d It shows ticket sales for the weekend when each movie opened.
   Indica a venda de ingressos no final de semana de estreia de cada filme.

e It shows each movie's share of the public's attention during the announcement.
   Indica a atenção que cada filme recebeu do público durante o anúncio da premiação.

Page 80
Exercise 2

Person	Present
Andrew	video game
Anne	surfboard
Daniel's mother	bracelet
Daniel's father	tie
Mary's father	tie
Mary's mother	book/novel
Aunt Laura	box of chocolates
Uncle George	box of chocolates

Page 81
Exercise 3

A The elements are ordered by the time of each appointment.
  Os elementos estão ordenados pelo horário de cada compromisso.

B The elements are ordered alphabetically.
  Os elementos estão ordenados por ordem alfabética.

C The elements are ordered by date.
  Os elementos estão ordenados pela data.

Instruction manual *Answer key*

Page 84

Exercise 1

a (X) Step-by-step videogames.
b (X) a dragon.
c (X) help his friends to win the game.
d (X) take the ogre down.

Exercise 2

Fred: Stay there, behind the Dragon! The Dragon is not the main character in this level. Don't waste your lives; you're going to need them later.
Fred: Take the Ogre down! Help the Dragon!
Fred: Run to your right and jump over that rock. And then… jump on the Ogre!

Page 85

Exercise 3

a (F)   d (T)
b (T)   e (F)
c (F)   f (F)

Exercise 4

Thank you, brave warriors. You have saved my life. Now run to save yours!

Page 86

Exercise 5

a (C)   c (A)   e (D)
b (E)   d (B)

Exercise 6

A The girl asks her friends to give her the CDs so she can put them away. If her mom sees the mess they've made, she'll get angry at her.

B The boy is sure that his friends won the game only thanks to his help and he tells them: "You wouldn't have won if I hadn't told you how to do it!"

C The girl tells Fred that it wasn't because of him that they won… It was because of the magazine!

Page 87

Exercise 1

a Probably an adult, who will read the instructions for this product in order to teach a child how to use it.

Provavelmente um adulto, que fará a leitura das instruções do produto para ensinar uma criança a utilizá-lo.

Answer key | Instruction manual

b The object of the game, its contents, how to set it up, and some warnings.

O objetivo do jogo, o seu conteúdo, como configurá-lo e alguns avisos.

c This product is recommended for children older than 6. This information can be found on the text at the right top of the instructions manual.

Esse produto é recomendável para crianças com mais de 6 anos. Essa informação consta no texto apresentado na parte superior direita do manual de instruções.

d Be, open, place, close, never mix, do not dispose, remove, take, knot, attach, replace, hold down, put.

Page 88

Exercise 2

(4)   (6)   (5)
(2)   (1)   (3)

Exercise 3

a (E)
b (D)
c (C)
d (B)
e (A)

Page 89

Exercise 4

A open your fingers like pincers

B press the desired spot on the screen with your finger

C slide your finger to either side

D close your fingers like pincers

157

Menu Answer key

Page 92

Exercise 1
At a snack bar.

Exercise 2
a (T)
b (F)
c (F)
d (T)
e (T)
f (F)

Page 93

Exercise 3
a (C) **c** (B)
b (D) **d** (A)

Exercise 4
a (X) Foods, snacks, desserts, and drinks.
b (X) Because one of them mistakenly chose the take-out food wrapping to eat because it was the cheapest thing on the menu.
c (X) Because she found most things on the menu to be too high in calories.

Page 94

Exercise 5
A Portuguese sausage pizza
B fruit salad
C tuna salad
D salad

Exercise 6
(f)
(a)
(c)
(e)
(b)
(d)

Page 95

Exercise 1
a (X) a list of food and beverages served at a specific establishment.
b (X) make it easier for the customer to read and locate the desired dish.
c (X) the price of a dish.
d (X) titles of different sections in a menu.

Answer key | Menu

Exercise 2

a (a)
b (d)
c (a)
d (c)
e (b)
f (b)
g (c)
h (d)

Page 96

Exercise 3

a There are seven sections. They are: Sandwiches, Plates, Kids Meal, Meat Only, Side Dishes, Desserts, and Beverages.

São sete seções: *Sandwichs, Kids Meal, Meat Only, Side Dishes, Desserts* e *Beverages*.

b The Beverage and the Dessert sections, respectively.

As seções *Beverage* e *Dessert*, respectivamente.

c They inform the day specials on Tuesdays and Fridays.

Elas informam as promoções que o estabelecimento faz às terças e sextas-feiras.

d "Single" means it serves one person and "pint" is an English measure equivalent to almost half a liter, which may serve more than one person.

Single indica que a porção serve apenas uma pessoa e *pint* é uma medida inglesa equivalente a quase meio litro, que pode servir mais de uma pessoa.

e It's the pork BBQ, as indicated by the picture and the phrase "The end of your search for great BBQ.".

É o sanduíche de carne de porco assada, identificado pela imagem e pela frase "The end of your search for great BBQ.".

f There are four choices: smoked dog, chicken leg, 1 rib and 2 oz beef, or 1 rib and 2 oz pork.

São quatro opções: *smoked dog, chicken leg, 1 rib and 2 oz beef* ou *1 rib and 2 oz pork*.

Page 97

Exercise 4

A French fries
B vegetable soup
C green salad
D fruit salad
E fish and chips
F pork ribs
G beef tenderloin
H roast chicken

Websites Answer key

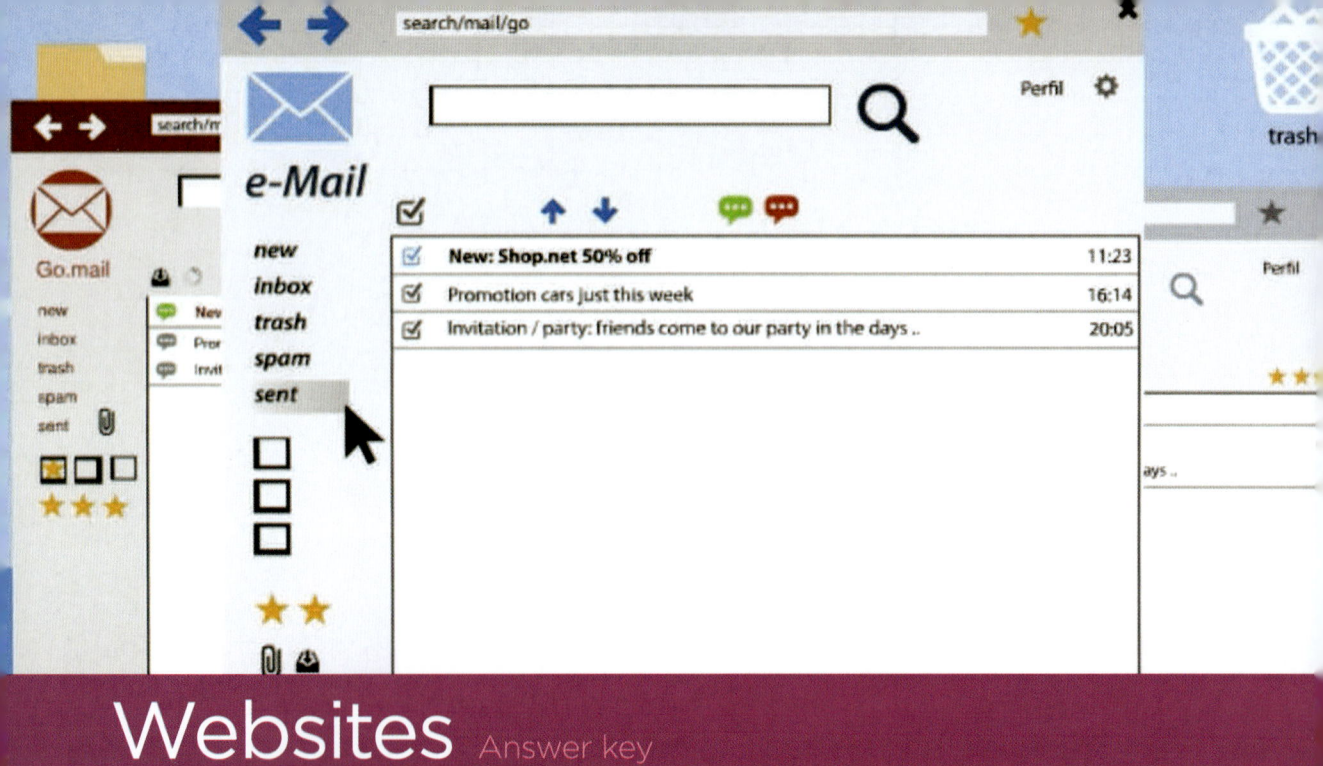

Page 100

Exercise 1

a (X) A

b (X) Images
(X) Folder
(X) Music

c (X) Trash

Page 101

Exercise 2

There are many different types of websites. Each of them has their own *specific* features. It's very important to know what each website is *meant* for. Here, in this *top bar*, we write the *address* of the website we want to visit. We only do this if we know the *address* of the website that we are looking for. When we don't know, we use a search page, called *search engine*. Have a look at these search engines and notice how they are all very similar. They all have a space to *type* what we are looking for.
In this search page, we can find a list of a lot of webpages about the subject we have typed. That's why it's important to know exactly what we want to find, so we can give the search engine specific *information*.

Exercise 3

G	L	L	A	B	U	M	E	A	A	I	L
Z	N	S	Q	A	B	X	E	U	N	L	H
N	E	M	A	I	L	D	O	C	V	O	J
O	W	R	A	R	O	R	Q	T	D	T	E
P	S	L	A	I	G	A	N	I	H	N	J
R	E	L	K	Y	S	D	D	O	J	A	A
T	R	R	N	U	A	X	N	N	C	G	M
I	F	T	L	C	L	L	S	M	N	F	T
S	E	A	R	C	H	P	A	G	E	S	L

Exercise 4

a Auction
b News
c Search pages
d Blogs
e E-mail

160

Answer key | **Websites**

Page 102

Exercise 5
(E)
(C)
(A)
(D)
(B)

Exercise 6
Possible answer: At the end of the video, we realize that the boy was actually teaching his great-grandmother about how to surf the Internet and that she found the explanation useful. However, she would have preferred him to start by teaching her how to turn the machine on.
Resposta possível: Ao final do vídeo, percebemos que o menino estava ensinando sua bisavó a navegar na Internet e que ela gostou muito das explicações, porém ela teria preferido que ele começasse explicando como se liga o computador.

Page 103

Exercise 1
a For business travelers to make reservations at hotels belonging to the Best Western chain.
Para que pessoas que viajam a negócios façam reservas em hotéis da rede Best Western.

b Business/Corporate travelers.
Profissionais que viajam a negócios.

c They can search for hotels and make reservations for specific periods.
Pesquisar hotéis e fazer as reservas para um determinado período.

d On "My account – Sign in".
Em "My account – Sign in".

e On "Home".
Na seção "Home".

Page 104

Exercise 2
(B)
(E)
(A)
(D)
(C)

Exercise 3
a E-commerce
b Institutional
c News
d Classified ads
e Search browsers

Page 105

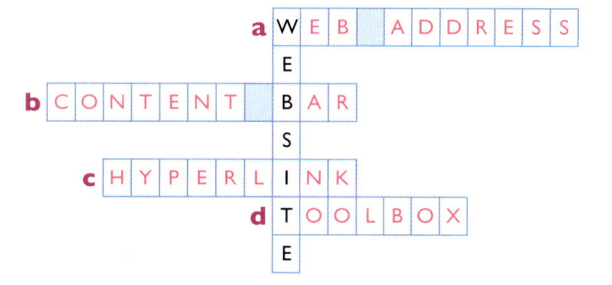

Exercise 4

a WEB ADDRESS
b CONTENT BAR
c HYPERLINK
d TOOLBOX

Recipe Answer key

Page 108

Exercise 1
a (X) a boy and a girl.
b (X) playing videogames.
c (X) B

Exercise 2
You have to put the mixture in the oven. You need milk and eggs. You also need baking powder. Put everything in the blender. You also need butter and flour. Did I tell you that you have to put everything in the blender?

Page 109

Exercise 3
(c)   (b)
(a)   (e)
(f)   (d)

Exercise 4
C (X) glass

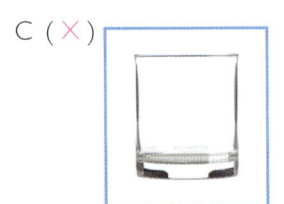

D (X) cup

E (X) spoon

G (X) blender

H (X) baking pan

Answer key | **Recipe**

Page 110

Exercise 5

<u>Blender chocolate cake</u>
Ingredients:
3 eggs
1 cup milk
2 cups flour
1 ½ cups sugar
1 tablespoon baking powder
1 cup cocoa powder

Directions:
Mix everything in a blender. Preheat the oven to <u>200</u>°C. Pour the dough in a buttered and floured baking tray and bake it for <u>40</u> minutes.

Exercise 6

a (F)   **e** (F)
b (T)   **f** (T)
c (T)   **g** (F)
d (T)

Page 111

Exercise 1

a (X) C
b (X) You need to preheat the oven above 350°F.

Page 112

Exercise 2

(F)   (D)
(B)   (A)
(G)   (E)
(H)   (C)

Exercise 3

Directions:
Grind the beef.
Chop the onion, tomato, and carrot and mix them into the ground beef.
Season to taste.
Mix everything thoroughly with your hands.
Roll the beef mixture into small balls.
Dip the meatballs in two beaten eggs.
Roll the egg-dipped meatballs on the flour.
Fry the meatballs in hot oil in a pan.

Ingredients:
½ kg beef
1 onion
1 tomato
1 carrot
Salt to taste
Pepper to taste
1 cup oil
2 eggs
1 cup flour

Page 113

Exercise 4

<u>*Crème* caramel pudding with peanuts</u>

Directions:
<u>Beat</u> the eggs with the milk and the sugar in a blender.
<u>Add</u> the chopped peanuts.
<u>Sprinkle</u> five drops of vanilla.
<u>Pour</u> the mixture into a baking tin.
<u>Bake</u> in a double boiler at medium temperature for 40 minutes.
<u>Leave</u> it to cool and <u>turn out</u>.
<u>Serve</u> with a caramel sauce.

Book review — Answer key

Page 116

Exercise 1

- **a** (✗) Relaxing in a park.
- **b** (✗) About how to write a book review for homework.
- **c** (✗) B
- **d** (✗) Afternoon.

Exercise 2

If a book review were just a *summary*, it would be called a *summary*, not a book review. A book review is like a *critical* literary review, but it also includes your opinion. You have to start by the *title* of the book. Then, mention the name of the *author* and the *year* of the publication for bibliographic reference, followed by a brief *description* of the plot. This gives the reader an *overview* of the book.

Page 117

Exercise 3

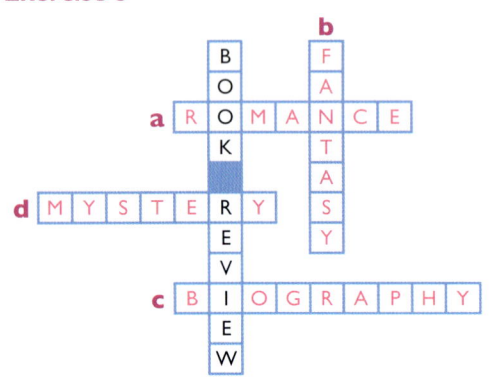

Crossword:
- a ROMANCE
- b FANTASY
- c BIOGRAPHY
- d MYSTERY
- Down: BOOK, REVIEW

Exercise 4

- **a** style
- **b** language
- **c** characters
- **d** critical
- **e** develops
- **f** avoid / think

Page 118

Exercise 5

(A)
(B)
(A)
(A)
(B)
(A)
(A)

Exercise 6

Possible answer: The girl is surprised because her friend tells her book review is due to the next day.
Resposta possível: A menina se surpreende porque sua amiga lhe conta que a resenha do livro é para o dia seguinte.

Page 119

Exercise 1

- **a** The book is called *It's kind of a funny story*. It was written by Ned Vizzini and published in 2006.

    O livro se chama *It's kind of a funny story*. Foi escrito por Ned Vizzini e publicado em 2006.

Answer key | Book review

b It's a novel.

É um romance.

c It tells the story of 15-year-old Craig Gilner, who is under tremendous pressure at school.

Conta a historia de Craig Gilner, um menino de 15 anos que está sob intensa pressão na escola.

Page 120

Exercise 2

a (X) includes a description and a critical assessment of the work.

b (X) the style and the content of the book.

c (X) identifying both the positive and the negative aspects of the book.

Exercise 3

a interesting

b exciting

c poor

d boring

e realistic

f creative

G	I	L	A	B	U	M	E	T	A	I	M
Z	N	S	Q	A	R	A	O	G	N	L	E
N	T	G	E	D	X	D	E	L	V	O	S
O	E	R	U	X	S	R	T	N	D	T	R
P	R	L	A	I	C	A	R	Q	E	N	G
R	E	L	R	Y	L	I	A	U	F	A	I
M	S	O	E	E	O	E	T	I	D	G	N
A	T	G	A	S	C	D	D	I	T	F	A
K	I	T	L	H	T	W	U	N	N	E	J
Q	N	A	I	N	B	O	R	I	N	G	E
U	G	N	S	U	S	C	E	H	J	L	T
S	L	O	T	I	M	O	N	J	R	R	R
T	R	R	I	U	A	X	T	E	C	A	Y
T	N	N	C	A	H	T	B	J	L	E	N
Y	U	P	O	O	R	C	I	A	S	R	I
I	F	T	L	C	L	L	S	M	N	Y	C
C	R	E	A	T	I	V	E	T	N	O	O

Page 121

Exercise 4

(**d**)   (**a**)   (**b**)   (**c**)

165

Film review Answer key

Page 124

Exercise 1
- **a** (X) At school.
- **b** (X) Lisa.
- **c** (X) That the cinema was quite crowded.
- **d** (X) That she was shocked by the ending.

Exercise 2
But you're not telling me anything! I can't imagine the story using only that information. If you want to convince me to watch this movie, you have to start by introducing the characters to see if I can relate to any of them.

Page 125

Exercise 3
- **a** A middle-aged man who's going through a crisis.

    Um homem de meia-idade que está passando por uma crise.
- **b** A boy, the boy's mother, and the main character's ex-wife.

    Um menino, a mãe do menino e a ex-mulher do personagem principal.
- **c** The movie starts with the main character sitting on a beautiful leather sofa.

    O filme começa com o homem sentado em um sofá de couro muito bonito.
- **d** He is a psychologist.

    Ele é psicólogo.
- **e** At the beginning of the movie, it's getting darker outside.

    No começo do filme, está anoitecendo.

Exercise 4
A (3)
B (1)
C (4)
D (2)
   (C)
   (A)
   (D)
   (B)

Page 126

Exercise 5
- **a** (X) on the bus.
- **b** (X) comment on the soundtrack and special effects.

Answer key | Film review

c (X) the boy was the psychologist's son.

Exercise 6
Lisa's friend expresses that she doesn't want to know the end of the movie.
A amiga de Lisa está com essa expressão porque não quer que ela lhe conte o final do filme.

Page 127

Exercise 1
a A teenage drama.

Drama para adolescentes.

b Hazel Grace Lancaster is the lead character and the reviewer refers to her as "an engaging young heroine".

A personagem principal é a Hazel Grace Lancaster, e o resenhista a caracteriza como "uma heroína jovem e envolvente".

c The movie tells the love story of teenage cancer patients Hazel and Augustus, who meet at a support group and soon start a relationship.

O filme conta a história de amor entre dois jovens, Hazel e Augustus, vítimas de câncer que se conhecem em um grupo de apoio e logo começam um relacionamento.

d He thinks the movie slowly becomes a lachrymose, manipulative melodrama.

Ele acha que o filme se transforma lentamente em um melodrama manipulador que tenta arrancar lágrimas do espectador.

Page 128

Exercise 2
a costume designer
b soundtrack
c screenplay
d set
e producer
f cast

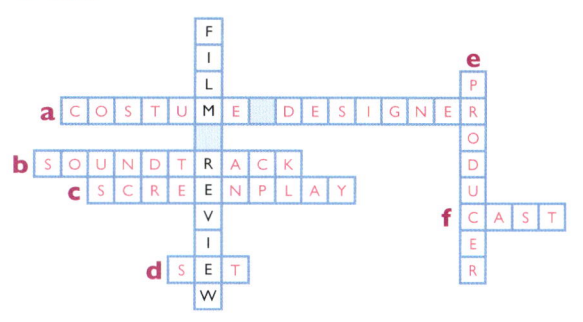

```
              F
              I
              L                         e
        a C O S T U M E  D E S I G N E R
              S                         O
        b S O U N D T R A C K           D
              c S C R E E N P L A Y     U
              V                    f C  A S T
              I                         E
              d S E T                   R
              W
```

Page 129

Exercise 3
Monsters University is a wholeheartedly <u>impressive movie</u> that takes a subject from the wonders of a <u>child's imagination</u> and injects it with a truthful examination on failed dreams and the meaning of friendship. […]
It's a brave stance to take in a kid friendly movie that is opposite of the "you can be whatever you want to be" message so many kids are exposed to these days. It may even seem like a negative stance, but the opposite turns out to be true. Although the movie takes an <u>honest look</u> at failed dreams and shows that life sometimes doesn't work out the way you had planned, it's ultimately a hopeful and <u>encouraging movie</u> because it shows that other skills can lead to happiness and success.

Labels and packaging Answer key

Page 132

Exercise 1

a Three young men who are friends.
   Três rapazes que são amigos.

b At a coffee shop or a restaurant.
   Em uma lanchonete ou um restaurante.

c Because they are going to travel together and share a house there, so they would like to plan the trip.
   Porque eles vão fazer uma viagem juntos e dividir uma casa, por isso querem se organizar.

d About the formality of the meeting.
   Ele reclama da formalidade da reunião.

e They decide to shop for the things they'll need on the trip.
   Eles decidem comprar o que precisarão para a viagem.

Exercise 2

a (X) Rice.
b (X) Because it doesn't get sticky after cooked.
c (X) Breakfast cereal.

Page 133

Exercise 3

A Are we going to buy some snacks?
B Sure, but let's buy healthy ones, OK? I don't want to eat snacks full of sugar, fat, salt, or preservatives.
C No problem, Michael, we can analyze the ingredients on the back of the package.

Exercise 4

L	X	L	A	B	U	M	E	T	A	M	I	J	V
S	C	S	P	O	T	A	S	S	I	U	M	M	I
E	A	T	U	D	X	D	E	L	V	R	O	L	T
P	L	Q	R	S	R	T	N	D	C	T	R	A	A
R	C	L	U	Q	P	A	R	Q	E	S	N	E	M
E	I	L	K	R	U	D	A	U	F	U	A	G	I
R	U	R	J	E	A	Y	N	I	D	G	G	R	N
F	M	G	R	S	C	T	Z	D	T	A	F	W	C
R	A	B	U	B	P	I	E	A	S	R	E	S	V
E	S	A	E	N	I	I	I	D	V	S	T	A	L
G	U	N	O	U	S	C	E	H	F	S	L	Y	U
L	S	O	Q	I	M	O	W	J	R	A	R	N	B
P	R	O	T	E	I	N	R	S	C	E	T	C	L
N	T	N	D	A	H	T	B	J	L	R	E	Z	E
U	Y	A	J	O	J	N	I	A	S	S	R	A	I
L	C	H	O	L	E	S	T	E	R	O	L	A	N
M	I	E	R	X	Z	O	P	R	T	R	I	P	L
F	I	T	L	C	L	S	O	D	I	U	M	O	U
O	B	D	I	G	U	R	C	T	N	D	O	N	O

Answer key | Labels and packaging

Page 134

Exercise 5
A BAR SOAP
B SHAMPOO
C ULTRAGRIP RAZOR

Exercise 6
a symbols / supplementary
b detergent / sponge / washing powder
c biodegradable
d environmental
e efficient / economical

Exercise 7
Because Robert trusts all that is written on the product's label and does not take into account that manufacturers often exaggerate and use appealing sentences and words merely to raise consumers' interest.
Porque Robert confia em tudo o que está escrito no rótulo do produto e não leva em conta que os fabricantes muitas vezes exageram e usam frases e palavras atrativas apenas para aumentar o interesse dos consumidores.

Page 135

Exercise 1
(d)
(c)
(a)
(e)
(b)

Exercise 2
a To return twice as much as the amount paid by the consumer for the product if he/she is not satisfied.
A devolução do dobro do valor pago pelo consumidor caso ele não fique satisfeito com o produto.
b The product is targeted at the whole family.
O produto é destinado a toda a família.
c Apple, grape, and cherry juices.
Sucos de maçã, uva e cereja.

Page 136

Exercise 3
A aluminum
B paper
C steel
D PET (Poly-Ethylene Terephthalate)

Exercise 4

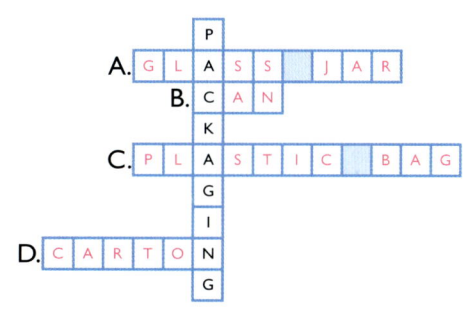

```
          P
A. G L A S S   J A R
       B. C A N
          K
       C. P L A S T I C   B A G
          G
          I
D. C A R T O N
          G
```

Page 137

Exercise 5
a manufacturer/distributor/importer
b ingredients/components
c expiration date
d weight/volume/quantity
e nutritional facts
f bar code

Anúncio — Video script translation

Jovem 1: Tem certeza de que vai ficar bom?
Jovem 2: Claro! Confie em mim. Eu sei como criar um bom anúncio.
Jovem 1: Eu realmente preciso vender a bicicleta.
Jovem 2: Eu sei. Não se preocupe! Com a minha ajuda você vai vendê-la rapidinho!
Jovem 1: Espere um minuto...
Anúncio: "Bicicleta nova!", "Em perfeito estado!", "Comprar".
Jovem 1: Essa não é a minha bicicleta!
Jovem 1: E o que é isso de "bicicleta nova" e "em perfeito estado"?
Jovem 1: A minha bicicleta é bem antiga, e eu já a usei bastante!
Jovem 2: Cara, você não entende nada de anúncios! Um anúncio tem que chamar a atenção do comprador; por isso deve-se colocar um título chamativo.
Jovem 2: Depois tem que despertar o interesse do comprador pelo produto e fazer com que ele queira comprá-lo.
Jovem 2: Por isso nós temos que destacar os recursos mais interessantes da sua bicicleta.
Jovem 2: Nós queremos que o comprador clique no botão "comprar" no final da página!
Jovem 1: Mas você não precisa mentir para vender algo!
Jovem 1: Isso seria propaganda enganosa, o que é crime!
Jovem 1: Deixe-me fazer isso. Primeiro, vamos trocar esse título por um mais verdadeiro. Também vamos incluir informações reais sobre minha bicicleta: marca, modelo, ano de fabricação, tamanho do aro, número de marchas, e o tipo da bicicleta — se é uma bicicleta para trilhas, BMX ou, no meu caso, uma bicicleta de corrida. Isso vai permitir que o comprador saiba exatamente o que está comprando. Depois, precisamos acrescentar uma informação real sobre a condição da bicicleta, que é *quase* nova. Por último, precisamos incluir uma foto. Tenho uma foto boa e real da minha bicicleta que eu tirei com meu celular — e vou usá-la.

Anúncio:

> **"À venda"**
> Vendo bicicleta seminova. Modelo CLASSIC, de 10 marchas. Tem alguns arranhões, mas é muito resistente e veloz. Vivemos muitas aventuras juntos. Agora é a sua vez de embarcar na aventura! Faça sua proposta!
> **Dados do produto:**
> **Marca:** BIKESHOW
> **Modelo:** CLASSIC
> **Ano:** 2010
> **Informações do produto:** Peças originais. Aros de alumínio. Cabos e freios revisados e em perfeito estado. Banco novo. Estojo de ferramentas e garrafinha de água originais. Possui pequenos arranhões, mas não tem ferrugem!
> **Bicicleta de corrida seminova**   **"Comprar"**

Jovem 1: Pronto! Agora o anúncio está exatamente como eu queria.
Jovem 2: Eu acho que ninguém vai se interessar pela sua bicicleta com esse anúncio!
Jovem 3: Ei, corra! Acabei de encontrar a bicicleta de corrida que você queria! Parece fantástica!

Artigo jornalístico
Video script translation

Narrador: Você pode encontrar muitos jornalistas experientes na redação de um jornal.

Narrador: E também pode encontrar alguns que estão apenas começando a carreira, com muito pouca experiência.

Narrador: Mas sempre tem alguém disposto a ensiná-los como fazer o trabalho.

Jornalista: Então eu tenho a primeira missão de vocês. Não vai ser fácil... Vocês estão prontos?

Jornalista: Bem, quero que vocês saiam às ruas procurando uma história. Quero que vocês escrevam um artigo. Quero ver o quanto vocês são bons nisso.

Jornalista: Vocês devem levar um detalhe em consideração. Devem escrever este artigo usando linguagem formal. Gírias não são permitidas! Não devemos escrever um artigo de jornal usando linguagem informal. E ele deve ser claro, portanto não exagerem usando expressões e palavras que não sejam realmente necessárias.

Estagiário: Agora me deu um pouco de medo.

Estagiária: Não se preocupe! Só temos que nos ater aos fatos.

Estagiário: O que você quer dizer com "nos ater aos fatos"?

Estagiária: Bem, nós só precisamos contar o que aconteceu, onde aconteceu, quando aconteceu e quem estava envolvido. É fácil!

Estagiário: Eu não acho que é assim tão simples. Nós precisamos captar a atenção dos leitores; temos que fazer com que eles queiram ler o artigo.

Estagiária: Claro! Para isso nós usamos a manchete, que é como o título do artigo. Tem que ser impactante!

Estagiário: Olhe! Eu acho que acabamos de encontrar a nossa história!

Jornalista: Nada mal! Nada mal mesmo! Bem-vindos ao clube!

Jornal:

> Bombeiro arrisca sua vida para salvar um cãozinho
> Na manhã de ontem, o bombeiro Mário Silva...

Narrador: Há muitos jornalistas experientes na redação de um jornal.

Narrador: E muitas pessoas que estão dispostas a ensinar a outros como fazer o trabalho. Mais uma vez, a história se repete...

Blogue — Video script translation

Ana: Martha, veja isso! Vou compartilhar!

Martha: Legal! Que ótima foto! Estou tentando publicar fotos de uns gatinhos.

Ana: Olhe essas roupas! São lindas! Eu quero esse vestido!

Martha: Em que blogue você viu isso?

Ana: Não sei. Vi um *link* e cliquei nele. Não sei se era um blogue ou um *site* de notícias. Pela foto, eu acho que era um blogue.

Martha: A foto parece mesmo profissional.

Martha: Você sabe que há muitos blogues que publicam fotos profissionais.

Ana: O quê? Existem blogues profissionais?

Martha: Claro, Ana. Tem muitas pessoas que vivem de escrever sobre diferentes temas para empresas. E elas geralmente são tão profissionais quanto qualquer jornalista que escreve para um *site* de notícias.

Martha: Olhe esse aqui. "A moda jovem do dia a dia" é um blogue, e é muito profissional. O blogue "Conecta Jovem" é outro exemplo, e, na verdade, é o blogue mais famoso do mundo sobre moda jovem. E há também vários jovens que escrevem em blogues e são muito famosos.

Ana: Você tem um blogue, né?

Martha: Bem, o meu é mais como um diário.

Ana: Mas os blogues não são como redes sociais em que você escreve seus pensamentos? Quero dizer, para mim os blogues são como diários.

Martha: Bem, na verdade eles são muito diferentes, Ana. Em uma rede social, você não pode escrever o quanto quiser.

Martha: No seu blogue, você pode escrever o quanto quiser, sempre que quiser. Você pode, inclusive, escrever como se fosse publicar em um jornal impresso, se preferir.

Ana: Então... eu posso ser uma jornalista e escrever um blogue?

Martha: Você pode fazer um blogue jornalístico ou ser uma jornalista que escreve um blogue. Aliás, muitos jornalistas têm feito isso ultimamente. Mas você também pode ser uma dentista que escreve sobre celulares ou uma *designer* que escreve sobre música.

Ana: Você pode me ensinar a criar um blogue?

Martha: Claro! Você vai gostar muito!

Martha: Existem várias ferramentas que são fáceis de usar. Além de escrever o texto você pode inserir vídeos e fotos também.

Video script translation | Blogue

Martha: O que importa é o que você escreve!

Ana: E para quem você escreve!

Martha: Claro! Há pessoas que pensam que podem escrever do mesmo jeito que se fala, mas elas estão equivocadas! E também existem pessoas que pensam que podem escrever o que lhes vem à cabeça, sem verificar se a informação que estão publicando é realmente verdadeira.

Marta: Mas não há problemas em escrever suas opiniões ou copiar piadas de outros *sites*.

Ana: Posso escrever usando gírias e abreviações?

Martha: Bem, você pode, mas as pessoas vão ler seus textos e te julgar pela forma como você escreve. Mesmo que seu texto esteja bom, ou você tenha uma boa ideia sobre algo, se a sua escrita estiver difícil de entender, ou a sua publicação estiver cheia de erros, ninguém vai querer compartilhá-la.

Ana: E quem disse que eu quero que as pessoas compartilhem o que eu escrevo? Quero dizer... eu não quero que meu texto seja compartilhado pela *web*.

Martha: Nesse caso, você não deveria criar um blogue. O fato é que a internet permite que você interaja com pessoas do mundo todo compartilhando, comentando, publicando em redes sociais e enviando *e-mails*. É como se a redação de uma revista fosse aberta para todos visitarem.

Martha: O bom da internet é que as pessoas podem compartilhar o seu texto com outras pessoas.

Martha: E quando você está começando um blogue, não há nada melhor que ter pessoas avaliando a sua escrita. Assim você saberá se está indo por um bom caminho ou não. Quanto mais pessoas visitem o seu blogue, melhor, porque você saberá se elas gostam do que você escreve.

Ana: Você pode me ajudar a criar um blogue? Eu quero muito ser jornalista de moda!

Martha: Hahaha! Claro! Vamos começar abrindo uma conta para você...

Chat
Video script translation

Gêmea 1: Semana que vem é aniversário da mamãe. O que vamos dar a ela?

Gêmea 2: Boa pergunta! Andei pensando sobre isso...

Gêmea 2: O que você acha de darmos a ela um telefone celular?

Gêmea 1: Ótima ideia! Já está na hora de ela se modernizar.

Gêmea 2: Seria o presente perfeito...

Gêmea 1: ... para ela nos entender melhor!

Legenda: Uma semana depois...

Faixa: Feliz aniversário!

Gêmea 1, Gêmea 2: Feliz aniversário!

Mãe: Nossa, um celular! Agora eu vou ter que aprender a usar isso! Parece muito complicado.

Gêmea 1, Gêmea 2: Mamãe!

Gêmea 1: Mamãe, não é...

Gêmea 2: ... tão difícil. E além disso...

Gêmea 1: ... já está na hora de você aprender a usar um celular!

Mãe: Bem, então se eu realmente tenho que aprender... vamos lá!

Mensagem do celular: Estou muito feliz hoje, meninas.

Mensagem do celular: Muito obrigada pelo presente.

Mensagem do celular: Vocês são demais!

Mensagem do celular: Amo vocês duas!

Mensagem do celular: Beijos e abraços. Assinado, Mamãe.

Gêmea 1: Ah! É por isso que você demorou tanto...

Gêmea 2: ... para mandar a mensagem.

Gêmea 2: Agora você vai ver...

Gêmea 1: ... que é mais fácil do que você pensa.

Mãe: Já terminaram?

Texto que as meninas escrevem:
Meninas, obg pelo presente, vcs são d+.

Gêmea 2: É muito mais fácil e rápido...

Gêmea 1: ... quando você abrevia as palavras.

Mãe: Mas não se esqueçam de que é importante escrever adequadamente na escola!

Gêmea 2: Mamãe, nós também temos...

Gêmea 1: ... outro presente para você!

Gêmea 2: Você estava preocupada...

Gêmea 1: ... com isso?

Gêmea 1, Gêmea 2, Mãe: Ah, é tão bom quando falamos a mesma língua!

Fábula
Video script translation

Menina 1: Uma fábula! Dá pra acreditar? Uma fábula!

Menina 2: Como assim, uma fábula?

Menina 1: Isso mesmo! A professora de literatura nos pediu para escrever uma fábula!

Menina 2: E como você vai fazer isso? Digo, parece difícil. Você vai escrever sobre o quê?

Menina 1: Não sei... Nunca escrevi uma fábula antes. Eu vou deixar para me preocupar com isso amanhã de manhã, quando minha mente estará mais fresca. Estou exausta e acho que preciso dormir.

Menina 2: Está bem, boa noite. Durma e talvez você sonhe com uma solução para o seu problema.

Menina 1: Ter um sonho em que eu encontre uma solução para o meu problema... Isso seria ótimo... Eu não faço ideia do que é uma fábula...

Esopo: Uma fábula é uma história que geralmente apresenta uma lição de moral. Os personagens principais de uma fábula costumam ser animais que falam e agem como humanos.

La Fontaine: Bem, a história não deve incluir apenas animais. Eu escrevi várias fábulas com seres humanos como personagens principais... Eu usei até deuses como meus personagens!

Esopo: Mas tem que ter uma lição de moral no final!

La Fontaine: E qual foi a lição de moral que essa menina aprendeu hoje?

Esopo: Ah, essa é fácil! A moral da história foi...

Menina 1: Que sonho mais louco! Animais que falam como pessoas?

Menina 1: É isso! Uma fábula é uma história curta e, nesse caso, deve ser fantástica.

Menina 1: E, no final, tem que ter uma lição de moral!

Menina 2: E aí? Conseguiu dormir ou ficou pensando no seu problema a noite toda?

Menina 1: Dormi profundamente!

Menina 2: E o seu problema de ter que escrever uma fábula?

Menina 1: Bem, eu tive uma pequena ajuda de alguns amigos e aprendi que a fábula é uma história fantástica com uma lição de moral no final. E a melhor parte é que encontrei a lição de moral para a minha fábula...

Menina 1: Você deve sempre conversar com seus amigos quando tiver um problema. Eles podem ajudá-la das formas mais inesperadas.

Folheto
Video script translation

Vocalista: Um, dois, três...

Guitarrista: Caramba, galera! Vamos desligar os nossos celulares, assim nós não somos interrompidos.

Vocalista: De quem é o celular que está tocando?

Guitarrista: Ops! Desculpem-me, pessoal, mas tenho que atender essa ligação...

Baixista: Estou meio cansada. É legal ensaiar, mas faz meses que estamos tentando conseguir um *show* e nada acontece...

Baterista: Sim, mas não podemos desistir. Eu acho que fazemos um som legal e vamos conseguir mais cedo ou mais tarde.

Vocalista: Pessoal, não podemos desistir. Vamos conseguir, eu sei que vamos!

Guitarrista: Pessoal, adivinhem só? Nós conseguimos... Nós conseguimos... Nós conseguimos um *show*!

Vocalista: O quê? Onde?

Guitarrista: Vocês se lembram daquele festival de *rock* de que não pudemos participar? Uma banda decidiu sair e nos querem no lugar deles!

Baterista: Yeah!

Guitarrista: Só tem um probleminha...

Baixista: É claro, sempre tem um probleminha...

Vocalista: Não seja tão pessimista... O que é?

Guitarrista: Nós mesmos temos que promover nosso *show* porque eles já imprimiram todo o material de divulgação.

Vocalista: E o que vamos fazer?

Baterista: Poderíamos fazer um folheto.

Baixista: Sério? Você sabe como fazer um folheto?

Legenda: No dia seguinte...

Baixista: Olhem, todas as gráficas oferecem diferentes tamanhos de folhetos. Acho que poderíamos fazer um de 10 cm x 15 cm. E se cada um de nós der um pouco de dinheiro, conseguiremos pagar por 200 cópias!

Guitarrista: Isso seria ótimo! Poderíamos distribuir os folhetos pela escola ou pelo bairro.

Baixista: Para este folheto, vamos precisar de uma boa imagem de fundo.

Baterista: Poderíamos tirar uma foto da gente tocando ou apenas fazendo pose!

Guitarrista: Temos que incluir o horário e a data do *show*.

Video script translation | Folheto

Baterista: E o endereço também! Vocês acham que deveríamos incluir o preço dos ingressos também?

Vocalista: Pessoal, olhem aqui para eu tirar a foto.

Baixista: Mas você não vai sair na foto! Isso não faz sentido!

Vocalista: Ah, verdade. É melhor pedir para outra pessoa tirar a foto para nós.

Legenda: Mais tarde...

Vocalista: A foto ficou ótima!

Baixista: Vou colocar o nome da banda bem aqui, com letras grandes, e o nome do festival em letras menores abaixo.

Guitarrista: Não se esqueça de colocar a data e a hora!

Baterista: E o endereço!

Legenda do folheto: THE PIES. FESTIVAL DE ROCK. Teatro Central. 30 de novembro. 21:00

Baixista: Tudo certo! Agora nós temos que imprimir os folhetos e distribuí-los.

Baterista: E como vamos fazer isso?

Vocalista: Temos que distribuí-los para o maior número de pessoas possível.

Vocalista: Poderíamos jogar os folhetos de um helicóptero!

Baixista: Você tem um helicóptero?

Vocalista: Ou... talvez do alto de um prédio!

Baixista: E assim a cidade ficaria ainda mais suja?

Vocalista: Bem, foi apenas uma ideia...

Baixista: Que tal se entregarmos os folhetos para as pessoas que conhecemos?

Vocalista: Não sei...

Baixista: Bem, pelo menos nós teríamos nossos amigos lá e, quem sabe, talvez eles convidassem seus amigos e a notícia se espalhasse.

Legenda: Na noite do *show*...

Guitarrista: Pessoal, fizemos o que podíamos. Ensaiamos bastante e agora é hora de se divertir! Vamos fazer um mega *show*!

Baterista: Vocês acham que a divulgação deu certo?

Vocalista: Eu não quero pensar nisso agora.

Baixista: Acho que vou ficar de costas para a plateia para não ver o teatro vazio.

Guitarrista: Ai, meu Deus!

Vocalista: Uau!

Baixista: O que vamos fazer agora?

Baterista: Vamos tocar e fazer o nosso melhor!

Vocalista: *Yeah!*

Apresentador do *show*: E agora, com vocês... THE PIES!

História em quadrinhos *Video script translation*

Menino: Eu não consigo fazer isso! Alguma coisa sempre dá errado!

Irmão mais velho: O que está acontecendo, Matt? O que está te irritando?

Menino: Faz um tempo que estou tentando criar uma história em quadrinhos, mas não consigo!

Irmão mais velho: E qual é o problema? O que está dando errado?

Menino: Não cabe! Eu criei os quadrinhos, mas não tem espaço suficiente nessas páginas para contar a história!

Irmão mais velho: Deixe-me ajudá-lo. Vamos ver o que você está fazendo.

Menino: Obrigado, irmão. Eu não consigo mesmo.

Irmão mais velho: Certo, já vi qual é o problema. Você ainda não criou o enredo da história!

Menino: Bem, agora eu estou confuso. O que é um enredo?

Irmão mais velho: O enredo é um parágrafo que explica brevemente a história que você quer contar.

Irmão mais velho: Assim que você termina o enredo, você tem que criar o roteiro.

Menino: Mas eu não sei fazer isso. O que é um roteiro?

Irmão mais velho: O roteiro é a parte em que você decide a quantidade de páginas que sua história em quadrinhos vai ter, quantos quadrinhos você vai incluir em cada uma das páginas e o que cada personagem vai dizer.

Menino: Ah, não... É muito trabalho!

Irmão mais velho: Não, não é! Se você planejar como eu te disse, você vai saber como começa e termina a sua história.

Menino: Mas por que tenho que fazer tudo isso?

Irmão mais velho: Porque se você souber quantos quadrinhos vai incluir em cada página, poderá planejar como esses quadrinhos contarão a história que você quer criar!

Criando a história	Enredo
• Menino pensando	• Página com um pequeno texto
Roteiro	Quadrinhos
• Menino escrevendo	• Páginas com quadrinhos cheios de textos
E o que falta aqui?	

Video script translation | História em quadrinhos

Menino: Eu sei o que nós temos que fazer em seguida... Desenhar!

Irmão mais velho: Excelente! Agora... de volta ao trabalho!

Menino: Espera aí! Como você sabe tudo isso? Você só se interessa por música, futebol e em sair com seus amigos...

Irmão mais velho: Vem comigo; eu vou te mostrar uma coisa. É um segredo. Na verdade... não é um segredo, é um tesouro!

Irmão mais velho: Prepare-se; você não vai acreditar no que vai ver!

Menino: Para com isso! Deixa eu ver o tesouro!

Convites
Video script translation

Menina loira: "Nós, pais dos formandos, gostaríamos de convidá-lo para..." não me representa!

Menina negra: Eu não acho tão ruim. Pelo menos é formal, como um convite de casamento.

Menina loira: Mas isso não é um casamento, é a nossa festa de formatura!

Menina oriental: Tudo bem, então se nós não escrevermos "Nós, pais...", o que vamos escrever? Quem vai convidar todo mundo para nossa festa? É preciso ter um nome...

Menina negra: O acham de nós mesmos? Nós convidamos todos para a festa.

Menina oriental: "Nós, os formandos, gostaríamos de convidá-lo para..."

Menina loira: Essa é uma boa ideia!

Menina negra: Eu concordo. Nós podemos fazer assim.

Menina oriental: E agora, quem é a pessoa responsável por alugar o espaço para a festa?

Menina negra: Seria eu, e eu acabei de falar com os responsáveis do Clube Esperança, que confirmaram que nós podemos fazer nossa festa lá na data que queremos. E eu tenho mais uma boa notícia: nós podemos fazer nossa festa à noite, como queríamos desde o começo, em vez de fazê-la à tarde, porque houve um cancelamento para o horário da noite!

Menina oriental, **Menina loira:** *Yeah!*

Menina oriental: Será perfeito no sábado!

Menina loira: E a festa perfeita!

Menina oriental: Data, hora e local confirmados! Nós já resolvemos essas três questões. Agora eu preciso do endereço para podermos incluir nos convites.

Menina negra: Então terminamos? Posso ir?

Menina oriental: Espere um minuto! Não, nós ainda não terminamos!

Menina oriental: Nós ainda não sabemos como vamos entregar todos esses convites...

Menina loira: Isso é importante... Podemos entregá-los pessoalmente ou por *e-mail*...

Menina loira: Temos que mudar o *design* do convite inteiro!

Menina negra: Por quê?

Menina loira: Porque não vamos mais fazer a festa à tarde, então o clima da festa muda.

Menina loira: É o convite que define o tipo de festa que faremos!

Video script translation | Convites

Menina negra: Não, não é! É a festa que define como deve ser o convite!

Menina oriental: Não estou entendendo vocês.

Menina loira: O primeiro contato que as pessoas vão ter com a nossa festa será por meio do convite. É a aparência do convite que indicará aos convidados o que eles podem esperar da nossa festa.

Menina oriental: Bem... Isso faz sentido.

Menina oriental: E ainda precisamos decidir quantos convites cada um dos alunos receberá, assim podemos imprimir o quanto precisamos.

Menina negra: Criar um convite dá muito trabalho!

Menina loira: Não, não dá, não!

Menina oriental: Nós precisamos pensar sobre cada pequeno detalhe da festa!

Menina loira: Ótima festa! Ótimo clima!

Menina negra: Sim, e o convite foi realmente uma parte importante para fazer tudo isso acontecer!

Listas
Video script translation

Tom: Que sábado ensolarado!

Mark: Ótimo para um churrasco!

Tom: Mark, você pode começar a grelhar a carne?

Mark: OK, sem problema!

Mark: Uh, as pessoas chegaram. Ah, é só o Paul. Vem aqui, cara!

Paul: E aí, pessoal, como vocês estão? São só vocês dois?

Mark: As pessoas estão chegando, não se preocupe.

Paul: Devem ser as meninas!

Tom: Olhem quem chegou! É o Ralph.

Tom, **Mark**, **Paul:** Vem aqui, Ralph!

Mark: Tom, onde estão as meninas? Tom, você convidou as meninas, né?

Ralph: Você se esqueceu de convidar as meninas? Como pôde fazer isso?

Paul: Eu disse a vocês para fazerem uma lista de convidados...

Tom: Vai começar de novo...

Paul: ... uma lista de coisas que precisamos para o churrasco e uma lista de tarefas...

Paul: Eu acho que seria melhor anotarmos tudo!

Tom: Você poderia nos explicar de novo o que deveríamos fazer?

Paul: Primeiro, nós temos que pensar sobre os convidados, depois sobre a comida e as bebidas e, por fim, o que cada um de nós vai fazer para preparar o churrasco.

Mark: Entendeu, Tom? É por isso que nós precisamos fazer listas!

Tom: Entendi... Eu acho que teremos que lembrar disso para nosso próximo churrasco!

Tom: Certo... já que seremos apenas nós quatro, o que acham de jogarmos *videogame*?

Paul: Eu estou dentro!

Churrasco

Lista de convidados:
     Meninas
     Meninos

Lista de compras:
     Comidas
     Bebidas
     Descartáveis

Lista de tarefas:

Manual de instruções *Video script translation*

Legenda da imagem: Passo a passo: *videogames*

Fred: Agora corra até aquele canto e se esconda atrás do dragão!

Fred: Pare na frente do dragão e não deixe que ele pegue você!

Nick: Ah, não! Fred, o que eu devo fazer? Estou perdendo!

Menina de óculos: Vem aqui! Eu ajudo você!

Fred: Fique aí, atrás do dragão! O dragão não é o personagem principal nessa fase. Não perca suas vidas; você vai precisar delas mais tarde.

Dragão: Ah, não! O que eu vou fazer?

Fred: Derrube o ogro! Ajude o dragão!

Ogro: Vou devorar esses dois guerreiros de sobremesa!

Fred: Corra para a direita e salte sobre aquela pedra. E depois... salte sobre o ogro!

Menina de óculos: E agora? O que é que eu faço? O que é que eu faço? Leia as instruções!

Fred: Ajude o Nick! Não deixe o ogro fugir, derrube-o! Não deixe que ele pegue você!

Menina de óculos, **Nick**, **Fred:** *Yeah*, pessoal! Uhuuu!

Dragão: Obrigado, bravos guerreiros. Vocês salvaram a minha vida. Agora corram e salvem as suas!

Nick: Dê-me os CDs, por favor. Se minha mãe vir a bagunça que fizemos, vai se irritar comigo.

Fred: Vocês não teriam vencido se eu não tivesse dito a vocês como fazer!

Nick: Não foi por causa de você que vencemos... Foi por causa da revista!

Cardápio
Video script translation

Legenda da imagem: Lanchonete

Namorado: Está na hora de comer algo antes de voltar para casa, pessoal!

Namorada: Bem, eu não estou com fome...

Amigo: Mas eu estou!

Amiga: Você está sempre com fome!

Namorado: Vamos ver o que podemos comer!

Amigo: Acho que vou pedir um pedaço de *pizza*. Onde eu posso ver as opções?

Amiga: Que *pizza* você quer?

Namorada: Não sei por que eles não incluem a quantidade de calorias aqui no cardápio. Seria muito mais fácil escolher se eles fizessem isso!

Amigo: Eu ainda não escolhi o que vou comer, mas com certeza será algo que tenha um monte de ingredientes!

Amiga: Você nunca muda, guloso!

Amiga: Onde eu encontro as sobremesas? Não estou vendo. Não quero nada salgado; quero algo doce.

Namorada: Você não está prestando atenção. Olhe aqui! As sobremesas estão depois dos lanches e antes das bebidas.

Namorada: Mas você já pensou quantas calorias você vai ingerir se escolher uma sobremesa? Bem, se essa informação estivesse incluída no cardápio, você saberia!

Namorada: E você? Já escolheu o que quer? Eu acho que não vou comer nada. Tudo parece muito calórico.

Namorado: Eu já estou escolhendo, eu estou escolhendo...

Namorado: Pronto! Eu sei o que quero!

Namorada: O que você vai pedir?

Namorado: Vou pedir isso aqui... "embalagem para viagem".

Amiga: É isso que acontece quando se escolhe o que vai pedir olhando apenas o preço!

Amigo: Vocês dois foram feitos um para o outro! Ela não quer comer nada...

Amiga: ... e ele não quer pagar nada!

Garçonete: Com licença. Já sabem o que vão pedir?

Namorado: Eu vou querer a salada de atum e ela vai querer...

Namorada: Uma salada, por favor!

Amiga: Eu gostaria de uma salada de frutas, por favor.

Amigo: E uma *pizza* portuguesa para mim!

Namorado: Vamos ver quanto cada um de nós tem que pagar...

Namorada: Eu não deveria pagar nada, zero, assim como as calorias que comi!

Amigo: E como nós conferimos quanto temos que pagar?

Amiga: Temos que olhar o cardápio de novo, é claro!

Página de Internet
Video script translation

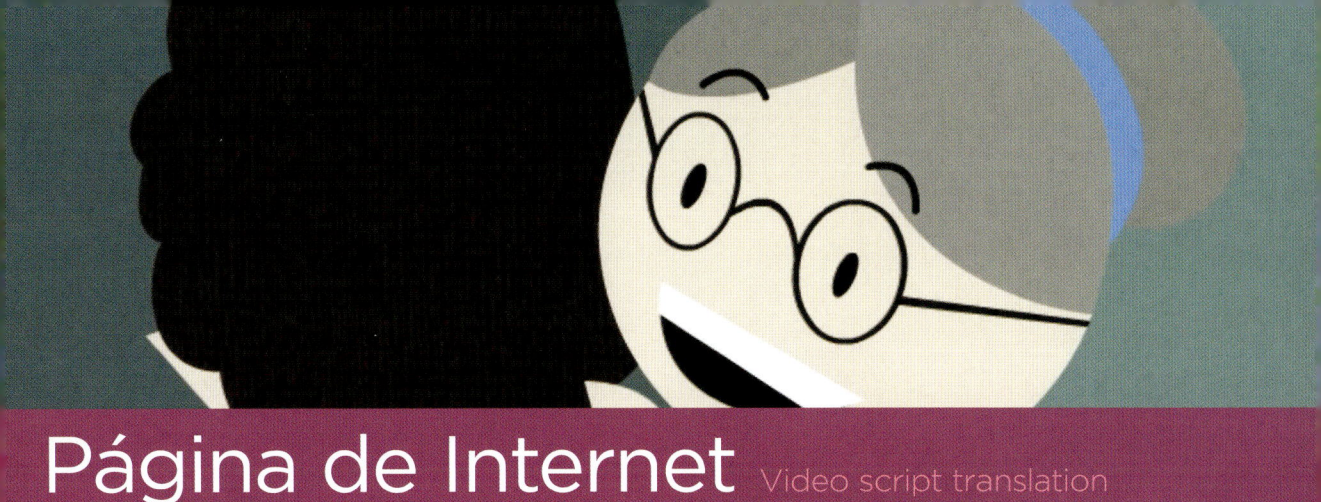

Rapaz: Existem muitos tipos diferentes de páginas na Internet. Cada uma delas tem características próprias. É muito importante saber para que serve cada página de Internet.

Rapaz: Aqui nesta barra superior, nós colocamos o endereço da página que queremos visitar. Nós só fazemos isso se já sabemos o endereço da página que estamos procurando. Quando nós não sabemos... usamos uma página de buscas, chamada buscador.

Rapaz: Dê uma olhada nesses buscadores e note como todos eles são muito parecidos. Todos têm um espaço para digitar o que estamos procurando.

Rapaz: Nessa página de buscas, podemos encontrar uma lista de muitas outras páginas sobre o assunto que digitamos. Por isso, é importante saber exatamente o que queremos encontrar, assim podemos dar ao buscador uma informação específica.

Rapaz: Esta página é um blogue de receitas. É uma página pessoal que qualquer um pode ter na Internet e nela podemos escrever nossas próprias receitas e compartilhar com outras pessoas. Você pode encontrar muitos blogues semelhantes, mas na verdade eles focam em uma grande variedade de temas.

Rapaz: Os blogues geralmente incluem um nome e os textos escritos por seus proprietários ou por convidados, incluindo a data de quando foram publicados. As postagens podem ter etiquetas como palavras-chave que classificam os textos e podem ser apresentadas em categorias. As postagens também podem ser organizadas pela data da publicação.

Rapaz: Também há páginas de leilões na Internet. Nessas páginas você pode comprar coisas, mas, antes disso, é importante checar a classificação do vendedor. Os vendedores podem ser uma pessoa física ou empresas vendendo seus produtos, e os compradores os avaliam de acordo com seus produtos e serviços.

Rapaz: Como sempre, o nome da página fica na parte de cima. Aqui, podemos ver as diferentes categorias de produtos e também podemos encontrar aqueles que estamos procurando, seus preços e as avaliações dos vendedores.

Rapaz: Estes *sites* são páginas de notícias, ou apenas *sites* de notícias. Eles são como jornais *online*. Aqui você não precisa esperar até o dia seguinte para saber o que aconteceu hoje, pois a informação é atualizada rapidamente e em tempo real. Você pode ler as notícias em tempo real, uma vez que o *site* é atualizado o tempo todo. Você também pode comentar as notícias publicadas na página. Estas páginas cobram para publicar anúncios, assim eles podem oferecer seu conteúdo de forma gratuita para internautas. Todas as notícias são organizadas por categorias e também há uma barra de busca para ajudar você a encontrar o que está procurando. Muitas páginas incluem barras de buscas e muitas têm um *link* de *e-mail*.

Rapaz: E estas são as páginas de *e-mail*. Nesta, podemos trocar receitas com outras pessoas usando nosso *e-mail*, está vendo? Esta é a caixa de entrada...

Rapaz: E aqui, você pode ver o título dos *e-mails*. Também há alguns botões que você usará...

Bisavó: Muito bem, querido, muito bem.

Rapaz: Mas tem muitas coisas que nós não vimos ainda!

Bisavó: Gostei da sua aula... gostei muito...

Rapaz: Eu expliquei muita coisa em pouco tempo, bisa?

Bisavó: Bem, nem tanto, querido...

Bisavó: Mas eu preferiria ter aprendido como se liga o computador antes de tudo isso!

Receita
Video script translation

Menina: Não vá por aquele caminho! Você vai perder!

Menino: Eu sei o que estou fazendo!

Fim de jogo!

Menina: Eu te avisei...

Menino: Bom, de qualquer forma, já estava na hora de parar de jogar. Estou ficando com fome.

Menina: Por que a gente não faz um bolo?

Menino: É uma boa ideia. Eu sou um ótimo cozinheiro!

Menino: OK, você me diz o que eu devo fazer e eu preparo o bolo.

Menina: Certo, vai ser moleza! Eu já vi a minha avó preparando esse bolo várias vezes.

Menina: Você tem que colocar a mistura no forno. Precisa de leite e ovos. Também é preciso fermento. Coloque tudo no liquidificador. Você também precisa de manteiga e farinha. Eu te disse que você tem que colocar tudo no liquidificador?

Menino: Pare! Isso não vai dar certo... Você pode me dizer a receita... lentamente?

Menina: Receita? Mas eu não tenho a receita. Eu só vi a vovó preparando bolos.

Menino: Certo, vamos fazer o seguinte: vamos anotar tudo o que você lembra até termos a receita!

Menina: Mas vai levar muito tempo para fazermos isso!

Menino: Mas pelo menos saberemos o que fazer! E conseguiremos organizar toda essa informação...

Menino: Bom, vamos lá. Como começamos?

Menina: Você tem que colocar a massa no forno. Você precisa de leite e ovos. E de fermento também. Coloque tudo no liquidificador. Ah, também precisamos de manteiga. E farinha. Eu já falei que tem que colocar tudo no liquidificador?

Menino: Certo, vai com calma. Primeiro, nós temos que saber do que vamos precisar: os ingredientes.

Menina: Hmm... Precisamos de três ovos, uma xícara de leite, duas xícaras de farinha...

Tela do computador:

BOLO DE CHOCOLATE DE LIQUIDIFICADOR

Ingredientes:

3 ovos

1 xícara de leite

2 xícaras de farinha

Video script translation | Receita

Menina: Depois, coloca-se tudo no liquidificador.

Menino: OK, isso já faz parte do modo de preparo.

Tela do computador:

> Modo de preparo:
> Bata tudo no liquidificador.

Menina: Ah! Também temos que acrescentar açúcar.

Tela do computador:

> **BOLO DE CHOCOLATE DE LIQUIDIFICADOR**
> Ingredientes:
> 3 ovos
> 1 xícara de leite
> 2 xícaras de farinha
> 1 ½ xícara de açúcar
> 1 colher de sopa de fermento em pó
> 1 xícara de cacau em pó

> Modo de preparo:
> Bata tudo no liquidificador.
>
> Preaqueça o forno a 200 °C. Coloque a massa em uma assadeira untada com manteiga e enfarinhada e asse por 40 minutos.

Menina: Eu não quero mais esperar. Vou pedir uma *pizza*!

Menino: Calma! Estamos quase terminando!

Menina: Está parecida com as receitas da minha avó, mas é um pouco chato escrever tudo isso.

Menino: Uma receita é como um manual de instruções: primeiro você tem que saber do que vai precisar; depois, como misturar os ingredientes; e, por fim, como servir o que preparou. Se você não seguir essas instruções, algo não vai dar certo.

Menino: Hmmm...

Resenha de livro
Video script translation

Menina de cabelo castanho: Eu amo essas tardes relaxantes no parque!

Menina de cabelo preto: Sim, quando não temos nada para fazer!

Menina de cabelo castanho: O que você quer dizer com isso? Eu tenho o que fazer! Minha professora pediu que escrevêssemos a resenha de um livro!

Menina de cabelo preto: Calma, isso não é difícil!

Menina de cabelo castanho: Ha, ha!... Não é difícil... Para você, talvez!

Menina de cabelo preto: É fácil, não se preocupe.

Menina de cabelo castanho: Sim, fácil, eu suponho... Eu não vou me preocupar com isso.

Menina de cabelo preto: A vida é fácil, relaxa.

Menina de cabelo castanho: Espera aí... Eu não sei como fazer uma resenha de livro! O que eu vou fazer agora? O que vou fazer?

Menina de cabelo preto: Eu te ensino como fazer. Não se preocupe.

Menina de cabelo castanho: OK... Ótimo... Obrigada.

Menina de cabelo preto: Realmente não é algo difícil...

Menina de cabelo preto: Uma resenha de livro é como um resumo.

Menina de cabelo castanho: Então eu só tenho que resumir o que eu li.

Menina de cabelo preto: Não exatamente. Se uma resenha de livro fosse apenas um resumo, se chamaria resumo, e não resenha.

Menina de cabelo castanho: Certo, então qual é a diferença?

Menina de cabelo preto: Uma resenha de livro é como uma resenha literária, mas também deve incluir sua opinião. Deve começar com o título do livro. Depois, indicar o nome do autor e o ano de publicação para a referência bibliográfica, seguida por uma breve descrição do enredo. Esses dados dão ao leitor uma visão geral do livro.

Menina de cabelo castanho: Uma descrição? Como eu faço isso?

Menina de cabelo preto: Primeiro, você tem que indicar o gênero do livro. Por exemplo, fantasia, mistério, romance ou até mesmo biografia. O gênero apenas indica qual é o tipo de livro.

Menina de cabelo castanho: Ah, bem... Isso não parece tão difícil.

Video script translation | Resenha de livro

Menina de cabelo preto: Não, não é. Depois, você pode falar do estilo do autor, da linguagem que o autor ou a autora usou no texto, e você pode descrever os personagens, o enredo da história... Na verdade, a parte mais difícil de fazer é a sua avaliação crítica, porque você deve ser justa e ter uma opinião imparcial.

Menina de cabelo castanho: Avaliação crítica? O que é isso?

Menina de cabelo preto: Uma resenha crítica é apenas uma forma de expressar sua opinião sobre o livro. Você pode escrever sobre a linguagem usada ao longo da narrativa, se é interessante, e se o autor desenvolveu ou não suas ideias. Mas, lembre-se, uma resenha deve ser objetiva. Você não deve usar frases como "eu acho", "eu gostei" ou "eu não gostei".

Menina de cabelo castanho: Certo, isso eu sei, mas e o cabeçalho? Você disse que eu tenho que incluir o nome do autor, o título do livro, a editora e o ano de publicação, certo?

Menina de cabelo preto: Exatamente.

Menina de cabelo preto: Viu? É fácil.

Menina de cabelo castanho: Sim, agora parece fácil. E como eu já li o livro, deverá ser bem fácil fazer para a data determinada... que é amanhã!

Menina de cabelo preto: AMANHÃ? Oh-oh...

Resenha de filme — Video script translation

Amiga de Lisa: E aí, Lisa, como foi o filme ontem?

Lisa: Foi bom, mas o cinema estava completamente lotado.

Amiga de Lisa: E o filme? Foi bom? Eu não sei se vou assistir ou não.

Lisa: Por que você não assistiria ao filme?

Amiga de Lisa: Não sei, a história não me pareceu interessante. Acho que não vou gostar.

Lisa: Bem, você só saberá se for assistir! Eu tenho certeza de que vai gostar!

Lisa: Olha, a história é muito boa. O protagonista passa por várias situações interessantes e o final é surpreendente!

Amiga de Lisa: Mas você não está me contando nada! Eu não consigo imaginar a história apenas com essas informações!

Amiga de Lisa: Se você quer me convencer a ver esse filme, tem que começar apresentando os personagens para ver se eu consigo me identificar com algum deles.

Lisa: Faz sentido... Bem, a história é sobre um homem de meia-idade que está passando por uma crise.

Amiga de Lisa: É um bom começo. E há um menino que é paciente dele.

Lisa: Outros personagens são a mãe do menino, a ex-mulher do homem e também...

Amiga de Lisa: OK, você pode parar por aí.

Lisa: Certo. Então, muitas coisas acontecem durante o filme e, no final, *bang*! O final é surpreendente!

Amiga de Lisa: Eu posso imaginar que acontecem muitas coisas durante o filme, mas eu quero saber O QUE acontece, senão, não consigo saber do que trata a história.

Lisa: Certo, certo, então vou te contar. O filme começa com o personagem principal sentado em um bonito sofá de couro. Dá para ver que há um menino na sala, que parece ser o paciente dele. O homem é um psicólogo e os dois começam a conversar. Está escurecendo lá fora e dá para ouvir o barulho do mar e dos carros passando. O menino se levanta, caminha até a janela...

Amiga de Lisa: Ah, não... eu só queria ouvir uma resenha do filme, mas você está me descrevendo cada detalhe.

Lisa: Resenha de filme? O que você quer dizer?

Amiga de Lisa: Uma resenha de filme, como essas de jornal ou de Internet.

Amiga de Lisa: Uma resenha de filme conta um pouco da história do filme, mas não todos os detalhes. Só nos conta o que é importante saber para decidir se você quer ou não assistir ao filme.

Amiga de Lisa: Mas não fala só da história. Você pode encontrar também informação sobre o estilo do filme, os atores, a trilha sonora, os efeitos especiais...

Lisa: Ah, entendi...

Lisa: Eu só quero saber uma coisa... nessa resenha de filme... eu posso contar que no final do filme a gente descobre que o psicólogo é pai do garoto, mas que ninguém sabia?

Amiga de Lisa: O mais importante de uma resenha é que VOCÊ NUNCA PODE INCLUIR INFORMAÇÕES SOBRE O FINAL DO FILME PARA AS PESSOAS QUE AINDA NÃO O VIRAM!

Rótulos e embalagens
Video script translation

Andrew: A reunião para discutir nossa viagem está oficialmente aberta.

Robert: Cara, nós precisamos mesmo ser tão formais?

Michael: Robert, nós estamos tentando organizar nossas férias.

Robert: Sim, mas parece que vamos escrever um estatuto apenas porque vamos dividir uma casa e algumas despesas.

Andrew: Bem, não é uma má ideia.

Michael: Eu acho que é um pouco de exagero, Andrew. Mas nós precisamos organizar tudo antes de viajar.

Andrew: Sim, nós precisamos planejar a viagem com antecedência para que nada dê errado.

Michael: OK, então, qual é o primeiro ponto que precisamos discutir?

Andrew: As compras!

Michael: Vamos começar com produtos não perecíveis.

Andrew: Não se esqueça de comprar aquele tipo de arroz que não fica grudento quando cozinhamos.

Robert: Como eu vou saber qual é?

Michael: Você só precisa checar o rótulo. Lá está escrito qual tipo de arroz é. O rótulo geralmente fica abaixo da marca do produto.

Robert: Ah, sim, está aqui!

Robert: Vamos comprar algumas guloseimas?

Michael: Claro, mas vamos comprar coisas saudáveis, certo? Eu não quero comer guloseimas cheias de açúcar, gordura, sal ou conservantes.

Andrew: Não tem problema, Michael, podemos analisar os ingredientes na parte de trás da embalagem.

Robert: Eu não sabia que era possível encontrar todas essas informações na embalagem! Calorias? Gorduras totais? Tem muita química aqui! Uau, você também pode ver o consumo diário recomendado!

Andrew: Por lei, todos os produtos devem ter essas informações na embalagem.

Andrew: É melhor comprar os produtos que precisam de refrigeração depois, quando já tivermos feito o resto da lista.

Michael: Sim, hoje está muito quente e esses produtos podem derreter ou estragar antes de chegarmos em casa.

Robert: Pessoal, vocês sabiam que a data de validade vem impressa na embalagem?

Andrew: Os rótulos trazem tudo o que você precisa saber sobre o produto. Por exemplo, o peso...

Rótulos e embalagens | Video script translation

Michael: As características do produto...

Robert: E o código de barras que identifica o produto eletronicamente.

Michael: E também há muita informação complementar que você pode encontrar nestes símbolos...

Andrew: Se o produto é reciclado, se afeta a camada de ozônio, se é frágil, sensível ao calor ou à umidade e se o produto deve ser descartado em um local específico.

Andrew: Nós ainda precisamos pegar o detergente, a esponja e o sabão em pó.

Michael: Verifique na embalagem se o sabão em pó é biodegradável.

Robert: Lá vem o Michael, o defensor do meio ambiente!

Robert: Vamos comprar este aqui! Podemos lavar mais pratos com este dessa marca do que com o das outras!

Andrew: Como você sabe disso?

Robert: Porque está escrito aqui!

Andrew: Ah, cara! Você ainda tem muito que aprender...

Michael: Você não pode confiar em tudo o que lê nas embalagens!